林徽因

你是岁月最美的诗意

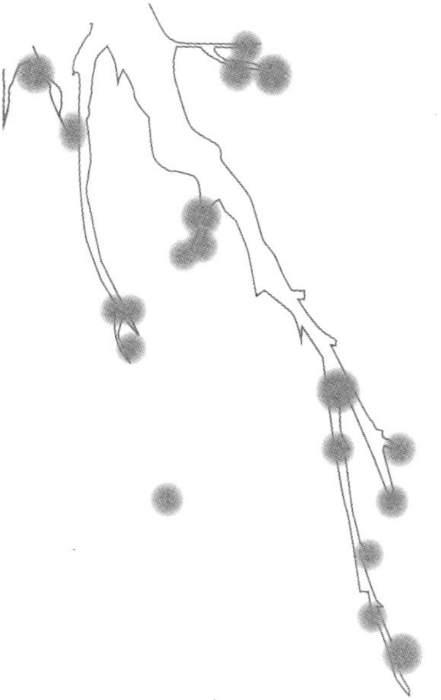

常晓军 著

台海出版社

图书在版编目（CIP）数据

林徽因：你是岁月最美的诗意 / 常晓军著 . -- 北京：台海出版社，2019.6

ISBN 978-7-5168-2296-8

Ⅰ . ①林… Ⅱ . ①常… Ⅲ . ①林徽因（1904-1955）—传记 Ⅳ . ① K826.16

中国版本图书馆 CIP 数据核字（2019）第 053554 号

林徽因：你是岁月最美的诗意

著　　者：常晓军

出 版 人：蔡　旭
责任编辑：王慧敏

出版发行：台海出版社
地　　址：北京市东城区景山东街 20 号　邮政编码：100009
电　　话：010 — 64041652（发行，邮购）
传　　真：010 — 84045799（总编室）
网　　址：www.taimeng.org.cn/thcbs/default.htm
电子邮箱：thcbs@126.com

经　　销：全国各地新华书店
印　　刷：天津旭非印刷有限公司
本书如有破损、缺页、装订错误，请与本社联系调换

开　　本：880 毫米 ×1230 毫米　1/32
字　　数：160 千字　　　印　　张：8
版　　次：2019 年 6 月第 1 版　　印　　次：2020 年 5 月第 1 次印刷
书　　号：ISBN 978-7-5168-2296-8

定　　价：45.00 元

序

万古人间四月天

在如许烟波的岁月中，我们都要经历无数的人和事，面对无数的挫折与艰难，我们无限感慨和叹息。然而，林徽因这位生于乱世的女子，却用她的从容和优雅，书写了一个时代的传奇。

她似一滴水，晶莹透彻，不经意间在历史的长河中荡起了美丽的水花；她似暗夜中的流星，夺目耀眼，在天际划出了与众不同的光晕。一身诗意千寻瀑，万古人间四月天。她生得漂亮，活得精彩。她的诗意情怀，总能让人为之动容；她的素净温婉，就像缠绵于心间的爱情，耐人寻味，挥之不去；就连她的一颦一笑，都透着千般意蕴，散发着独特的美。

流水光阴，百年红尘。

读林徽因的故事让我们感觉自己不是在读人生长河中的一段历史，而是在缠绵中悟着独特的爱情。那段被重现的旧梦，诉说着冥冥中早已注定的情深缘浅和无奈的擦肩而过。不是所有的因缘，都能修得白首同心；亦不是所有的相遇，都能求得美好圆满。

人生的际遇就是这样。热闹也罢，寂然也罢，对林徽因而言，岁月就像是佛手中拈着的一朵情花，淡然而美好。

“我是天空里的一片云，偶尔投影在你的波心——你不必讶异，更无须欢喜——在转瞬间消灭了踪影。”

读林徽因，感受那份恬淡的才情。

你若安好，便是晴天；

你若盛开，清风自来。

目录 • Contents

第三章 寻找对的人

第四章 人生乐在相知

第五章 用一生回答

第六章 一树诗华

第一章

岁月是一朵莲

安之若素

这是关于过去的故事。

其间有精致、有美好、有清韵，也有新与旧的交错与冲突。

还没有来到这人间的天堂时，杭州在她的感觉深处是一场江南的雨，湿润的气息中有着浓浓的温和与生机。如今，她已身在杭州，沿着那条狭长的江南雨巷，撑着红油纸伞缓缓地走着，身姿袅娜，让路人忍不住驻足观望。

小巷的地面用一块块规则的石头铺就，被人踩得久了，便有了高高低低的起伏，走起路来十分不便。于是，那红油伞便如同风中抖擞的花，任雨水斜斜地冲刷着。

这朵花从小巷深处款款地飘来，透过雨水细看伞下那位身着暗色旗袍的娇美女子，弯弯的柳叶眉毛下是一张懵懂的脸，沿着眼尾向内晕染的眼影轻重有机地搭配在一起，又散发出另一种美来，像雾像雨又像风。她如水的眼中，有淡雅、有细腻、有端庄、有秀气，而一双淡然的唇则给人语笑嫣然的美好，又与雪色、粉红相映衬，尽显内在的涵养和气质。缥缈的雨已不知道何时湿了她的发梢，水珠一滴一滴地滑落，浸湿了她的衣襟。经过雨水的抚慰，婀娜的身躯突显出女人的至柔至美。远远望去，仿佛一幅极具情调的图画。

雨水也淋湿了这座古老的城市——杭州。人们常说："上有天堂，下有苏杭。"能够生活在这里，自然是幸福而又惬意的。

这里来来往往的人不是很多，景色却是特别的美。遮天蔽日的绿荫下似乎潜藏了太多的生机，和着美妙滋养着这里的人。杭州美景当属西湖，湖水波光粼粼，湖边各种花依次开放着，营造出的美景早已消解了冬季的肃杀。湖中心的小岛，以及南北两面的雷峰塔和保俶塔，让人赏心悦目之余，还会产生无限的遐想。这些美景在点缀了杭州的同时，也见证了这里的历史，更蕴含了许多古代文人修身治国平天下的豪情。

但对于一个涉世未深的女孩来说，她一时半会儿还无法读懂江南的意境与性格，只是依稀可以感受到与众不同的人文情怀。在20世纪20年代的杭州城，这个叫林徽因的女孩正在用心感受着故乡的美好。

在林徽因幼小而又模糊的记忆深处，故乡就是一张泛黄的底片，一个美好而又短暂的梦。她1904年出生于官宦之家，祖父林孝恂与康有为同为清光绪十五年（公元1889年）的进士。父亲林长民是北洋政府的司法部长，堂叔林觉民是《与妻书》的作者，黄花岗七十二烈士之一。那时，林家可谓是家道中兴，家境富裕，林徽因身边还有一群好友。虽说身处高墙大院久了会感到枯燥无味，但有志同道合的好友在身边，欢乐的时光自然也就更多一些。父亲林长民每日早出晚归，母亲没有受过教育，因此林徽因启蒙教育的任务便落在了和蔼的大姑妈身上。据林徽因同父异母的弟弟林暄回忆："她生在这个书香家庭，受到了严格的教育。父亲不在时，由大姑妈督促。大姑妈比父亲大三岁，为人忠厚和蔼，对我们姊兄弟亲胜生母。"由于父辈对孩子们的学业要求极高，对林徽因更是遍请当时的名士前来传道授业。因此，林徽因虽然年龄尚小，但已经开始接触各种文化知识，还读了《史记》《诗经》《左传》等典籍。

八岁时，林徽因随着父母来到上海读小学。上海距离杭州很近，不需要太多的车马劳顿，便可以经常返乡探望，这也让林徽因少了许多思乡之苦。

上海的生活是丰富的，没有了杭州的静谧与悠闲，但多了许多异质文化。一位外国人曾在他的文章中这样描写那个时期的上海："老于世故的中国人坐在西式马车里，精瘦的美国人则乘人力黄包车。摩托车飞驰而过，差点撞到一乘帘子遮得密密实实的轿子，轿中坐的是中国的官太太。一个法国人在上海狭窄的人行道上向人脱帽致敬，帽子正好打在一名穿着精美黄色丝绸外套的印度人脸上。耳中听到的是卷舌头的德语夹杂着伦敦俚语。穿巴黎新款时髦衣衫的人旁边站着近乎半裸的穷苦小工，一对水手踏着双人自行车飞驰而过，两名穿和服、趿拖鞋的日本仕女转身避让，显得有点恼怒。着一身灰袍的和尚手肘碰到了一名大胡子的罗马传教士……”万花筒一般的远东第一大都市，把各国的文明都浓缩于一处。

上海的繁华让林徽因增长了见识。在接受正规教育的同时，她也对这里的风土人情产生了浓厚的兴趣。上海百乐门的璀璨灯光，那种豪华中闪耀的都是述之不尽的新奇。

四年之后，林徽因又跟随父母去了北京。与上海相比，这座城市更多的是一种沉暮之气，四方的城墙牢牢地禁锢着人们的思想。接二连三的搬迁，逐渐消磨着林徽因对于故乡的记忆。但辗转多地的经历也让她接触到新的思想和新的观念。来到北京不久，林徽因就进入培华女中就读。从入校那天开始，她就完全将自己的心性从大宅院中解脱开来，在新的天地中变得更加自由。

在北京待的时间久了，林徽因便喜欢上了这里。若不是要陪伴父亲回乡省亲，她不会这么开心地离开北京。

此时，林徽因已经年满十六岁了，长得亭亭玉立，但仍散溢着孩子气，时而也会透露出一种忧郁的气质。她为自己的文化知识和英语水平日益提高而开心，也为生活中的琐事而烦恼。她要帮助父亲伺候两位母亲的起居，课业之余，还要照看几位弟妹。可以说，家里的大事小情都需要她来处理。因此，她是一个早熟的孩子。

她从小就不怎么喜欢言笑，这源于小时候母亲对她的影响。

林徽因的生母名叫何雪媛，她目不识丁，十四岁时嫁给林长民，先后生了一男两女，但只有一个女儿活了下来，就是林徽因。两个孩子先后夭折的打击，让何雪媛陷入痛苦中久久不能自拔，甚至生出了严重的抑郁症。那个时代，不孝有三，无后为大。眼见何雪媛传嫡无望，林长民便迎娶了上海女子程桂林。

程桂林嫁入林家后，先后生了四儿一女。老人们开心极了，逢人便说自家积了阴德，祖坟上冒了青烟。林徽因和母亲何雪媛被迫搬到了后院，住小房子。从此，前院承欢，后院凄清。所有赞誉都涌向了林徽因的这位后母。程桂林同样没有读过书，但性情随和，而且分外喜欢林徽因。一边是童声四起，一边是冷落寂寞。林徽因也喜欢往前院跑，和弟弟妹妹一起玩耍，并亲热地叫程氏“二娘”。这让何雪媛非常生气，她的脾气也越发不好，终日在无尽的怨恨中歇斯底里，经常数落和谩骂林徽因。

生活在这样的环境中，人怎么能不感到沉重？随着年龄的增长，林徽因对这种身处夹缝的压抑表现出了反感。她在小说《绣绣》中讲述了自己的童年体验：

> 一位乖巧的女孩生活在一个不幸的家庭里，娘亲懦弱无能，狭隘多病，父亲将其冷落，娶了姨娘又生了孩子。女孩整天夹在无休止的争吵中度过，彷徨之中没有温情，没有爱怜，过得很无奈。

为了尽快从这样的环境中走出来，林徽因只有让自己变得更坚强、更有主见。她很想帮助母亲，却又不知道从何处着手，很多时候只能望着花草发呆。

花草虽然不能言语，却是有生命的，尤其是那些盛放在石槽中的莲花，那可爱的姿态就像是一群纯情的少女，在属于自己的世界里翩然起舞。“予独爱莲之出淤泥而不染，濯清涟而不妖。”莲花的这种高洁的品质让林徽因学会了不去过多地埋怨时乖运蹇，也不去叹喟世态炎凉，只学着泰然自若地面对生活中的种种不快。

现在想来，林徽因和张爱玲的命运是何其相似。她们都生在中国传统的多妻家庭中，同样因为父母的交恶而给童年生活罩上了一层阴霾，让人感到心酸。可她们又都是如此与众不同，虽然经历坎坷，却一直让自己活得如同翠莲吐蕊一般，自尊自爱，优雅成熟。

这次回到杭州，林徽因再一次看到了陆官巷那所青砖大宅子，记忆深处的往事被这些熟悉的场景一一勾了起来。面对以前居住过的房间，使用过的玩具、饰物，还有书房和那些枯萎的莲花，她终于有时间一个人静静地回想与过往相关的事情了。那些个时日，她没有功课的负担，可以尽情玩乐，走访亲戚，拜会朋友，那感觉就像小时候过年一样。在这样的自由自在中，林徽因又想起了自己曾经得过一回水痘的经历来，大概也就是在六岁左右吧。

依稀中还记得父亲说过，每个孩子在成长的过程中都会有这样的“难忘”经历，便从内心深处喜欢起这所谓的“水珠”来。这样的喜欢自然比较奇怪，可她硬是咬着牙、忍着疼痛来喜欢。面对这样的病症，大人只是没完没了地担心，并带着诸多好奇与不解。林徽因却把自己的感觉一字不落地写在了文字中。

当时我很喜欢那美丽的名字，忘却它是一种病，因而也觉到一种神秘的骄傲，只要人过我窗口问问出“水珠”么？我就感到一种荣耀。

把莲花当作自己尚可理解，把生病当作一种荣耀却真是不可思议了。然而，这个年龄的林徽因的确是让人捉摸不透的。

父亲不在家时，作为长女的她即使带着弟弟妹妹一起玩，也从来不会把年迈的祖父扔在一旁不闻不问。老人自然是看在眼里，喜在心上，慢慢地便刻意安排她做一些事情，比如说代笔写信。确实，从一封封来往的书信中，父亲林长民也看到了林徽因的各种变化与不同。

徽儿：

知悉得汝两信，我心甚喜。儿读书进益，又驯良，知道理，我尤爱汝。闻娘娘往嘉兴，现已归否？趾趾闻甚可爱，尚有闹癖（脾）气否？望告我。

祖父日来安好否？汝要好好讨老人欢喜。兹寄甜真酥糕一筒赏汝。我本期不及作长书，汝可禀告祖父母，我都安好。

父 长民

三月廿日

写信，让林徽因变得更加早熟起来。正如她的好友费慰梅所言："她的早熟可能使家中的亲戚把她当成一个成人，而因此骗走了她的童年。"确实，那时林徽因在家中的身份正在发生着变化，她已不再单纯地写信汇报家里的情况。有一次父亲外出去日本，喜欢读书的林徽因便全身心地沉浸在书房之中。或许是出于无意，她突然对书房中的字画产生了兴趣，起先只是一幅幅地打开来观赏，后来见这些精美的作品凌乱地堆放在地上，便想帮父亲做些力所能及的事情。于是，她把这些数量可观的字画精心挑选分类，然后又下功夫编成了收藏目录。这样的做法，怎么能不让人开心呢?

作为林徽因生命中第一个真正欣赏她的人，林长民把自己所有的喜爱都换成了另一种方式来表现。他也知道，"做一个天才女儿的父亲，不是容易享的福，你得放低你天伦的辈分，先求做到友谊的了解"。

祖父病故后，林徽因便少了与父亲的书信来往。这时的她，心态不断成熟，也多了几分阴柔之美。她开始喜欢穿旗袍，给人以舒服、优雅和得体的感觉。

现在，她行走在雨巷中，身着突显身材的旗袍。她知道，如果是在北京，自己可就不会如此随意了。培华女中是英国人创办的一所教会学校，始终以严谨的教风著称。不论是谁，每天都必须身着校服，在各种教条教规中度过忐忑不安的一天。

清风自来

1920年的夏天，林长民作为北洋政府的代表，前往伦敦访问考察新近创立的国际联盟。

辞别杭州老家之后，林徽因就随父亲开始了前往英国的航行。

无边无际的大海，仿佛看不到尽头。

海面泛着光，依稀从黑夜中渐然亮了起来。偌大的轮船行驶在海面上，仿佛就要触及内心深处的远方。那一刻她的感觉就像是步入了无人的丛林之中，处处都是绿，既有着新鲜，旋而又生出诸多的枯燥来。

在此之前，她确确实实在黄浦江中见过大大小小的船，自若地穿梭着，吞吐着浓浓的黑烟，时不时地还发出巨大的吼叫，让人感觉那分明就是一头头无比巨大的怪物。一群孩子特别喜欢趴在江边的栏杆上观望，他们单纯的内心始终不明白，这样大的铁船是如何平稳而又快速地行驶的，而且还能装载那么多的货物。所以，孩子们那时就在心里期望着快快长大，希望有一天也能够乘坐这些大船出海。林徽因的话虽然不多，但她的想法不少，可能就是从那个时候开始，她在别人的言谈中有了自己的梦想。

所以，当林徽因在码头上看见这些高高大大的“铁家伙”时，心中就开始激动，那种感觉从未有过，以至于她都不知道该如何来形容才好。船上挂满了彩旗，海风吹来，旗子忽高忽低地飘着，发出猎猎声响。四处的人都朝着那狭窄的登船口挤去。林徽因紧紧地跟随在父亲身后，手里提着自己简单的行李，在人潮中缓缓向前移动。父亲则表现得十分从容，这些年来来往往的出国行程，早已让他习惯了这一切。他还是留着那簇大胡子，背影显得高大而又坚实。

其实，林徽因更想停下急匆匆的脚步，好好看一下这“铁家伙”到底是个什么样的“怪物”。但父亲的脚步是那么的坚定，这使得她一时半会儿不知道该如何开口，只能紧跟着父亲的脚步，生怕自己迷失在人流之中。

也不知道是如何在杂乱中登上这艘船的，当眼前豁然开朗之际，林徽因的心情才算好了起来，耳边那些送别的声音也似乎少了许多。站在高处，视野自然是不同的，人变小了，房屋也开始朝着后面退去，她第一次有机会看到不一样的江海，看着那翻滚的海浪，竟生出了许许多多的遐想。

在海上的这些日子，可以读书，可以聊天，可以放开思绪肆意地去思考未来的一切。这海面上生出的朵朵浪花是恣意、是傲然，也是忧郁，却又如同林徽因此时此刻的心情，有着稚嫩，有着芬芳，在海面上散发着属于季节的味道。那种居高临下的感觉可能会令人产生眩晕，但又像是淡淡的男女恋爱，时不时就会让她的脸颊爬上红晕。

在林长民看来，这红晕却像这海面上早起的朝霞，不仅可爱，还透着奇异的光芒。他仿佛从中看到了属于女儿的，最为美好的日子。

海上行程是新鲜的，林徽因已经不知不觉地沉浸其中。她喜欢一个人手抚着船舷看海，那充满怜惜的抚摸仿佛是在欣赏一件无比珍贵的老物件。海水也是有趣的，完全就像被阳光照耀得烧开了一般，在金光闪闪中上下跃动着，让人不由得要生出许多臆想来。那些光就像是春天的面孔，蓝色看着看着就成了属于这个季节的深绿，真想让人越出船舷去探寻一下海水的温度。

海面上泛起的波纹仿若满天闪烁的星星，好像每滴水中都晃动着自己的影子。林徽因感觉自己像被一滴海水包裹着，随着微微的海波轻轻晃动。

“父亲，这应该是大海最好看的时候吧？”林徽因在沉默了许久之后，突然冷不丁地问了一句。

林长民正在一旁无聊地抽着烟。他茂密的大胡子和手中的烟斗配合起来，给人一种非常绅士的感觉。听到这句问话后，他满含笑容地望着眼前这个出落得大方得体的女儿，却没有回答。林徽因是第一次出远门，又是在这浩渺的海面上，她所有新奇的想法其实都在意料之中。

船已经行驶了近一周的时间。

此时，林徽因正出神地望着洒满朝霞的海面，似乎想让自己也身处其中。那感觉分明就是最美好的人间四月。

林长民不知道女儿到底在想什么，却已经在不经意中被她凭栏远望的出神样子给打动了。或许美丽都停留在神秘和未知之中，就像那阳明山上冷艳的君子兰，始终与世俗隔着一段距离，让人无法看透。据常年在山上采药的人讲，每年三月开始，阳明山上的花就盛放不绝，整座山仿佛童话世界中的仙境一样，色彩斑斓。除了海芋、紫色的杜鹃外，最招惹人的就是君子兰了。这种花多生长在悬崖峭壁处或山顶处，以其光滑的叶子彰显着其威武不屈的高贵品格和谦谦温和的内涵，也正是这些犹如碧玉的叶脉，让富丽堂皇的牡丹、芳香浓郁的百合都望尘莫及。

关于君子兰还有个美丽的传说，讲的是一位王子喜欢上了一个平凡人家的姑娘，两个人偷偷地相爱了。然而，有一位公主却深爱着这位王子，知道王子另有所爱时因为伤心难过，便将此事告诉了国王，国王处死了那位平凡人家的姑娘。王子再也见不到心上人，心灰意冷，所有的怨恨都涌向了公主。公主爱而不得，日渐憔悴，终有一天不能动弹，只能望着王子的背影。最后，她的身体化作泥土，衣服化为枝叶，变成了一棵君子兰。停止呼吸的瞬间，花朵覆盖她的全身，她永远都朝着城堡的方向——王子的位置。虽然人已死去，但爱意却从未减少。

也就是在那一刻，林长民感觉到女儿徽因更有些君子兰的味道，受人喜爱却又不是凭借着娇艳的容貌，她骨子里透出有才不骄、得志不傲、居谷不卑的性格。虽然长年累月地忙于公事，可林长民对于女儿的种种喜好是熟知的，相对于君子兰，她更喜欢出淤泥而不染，迎骄阳而不惧的莲花。作为佛教中的圣洁之物，其实早在三千多年前的《诗经》中，就有了这种唯美的记载。

彼泽之陂，有蒲与荷。有美一人，伤如之何？寤寐无为，涕泗滂沱。

林徽因喜欢读书，她自是懂得这些意思的。现在看来，在某种意义上，莲花和君子兰都有着共同的气质，喜欢者多为偏冷静之人。

海在沉静地呼吸着，不时地展现着它的神秘，时而粗犷，时而饱满，在各种反复变幻中，随心所欲地演绎着柔美。经过几日的航行，林徽因已经喜欢上了这个移动的“城堡”，她感觉在船上和在地面上并没有太多的区别，也感觉不到任何大的颠簸。偶尔还可以在甲板上跑跑步，或者活动一下身体，海风吹来，有着无限的惬意。海鸥也是无比热情的，它们盘旋在轮船附近，不停地和旅人打着招呼，有好几次干脆就停在船的栏杆上歇息。那时候，林徽因才发现这世界上的每一处，都有着无法言喻的美妙。旅途中，睡觉其实也不失为一种好的享受。每当她从梦中醒来时，隔着窗户就会看到一个陌生的国家或者城市，法国、意大利……那些奇特的建筑扑面而来，一切都是全新的，和着浓郁的风土人情一一呈现在眼前。有时林徽因也会利用轮船补给的空当，随着父亲下船，步入这些不同风格的城市。这样的游历其实蛮有意思。不久后，停泊在码头的船又开始有了动静，有人上、有人下，走动间又多了一些喧嚣，于是，她就静静地看着这些热闹的场景。除了外面的风景，还有轮船上的佳肴美馔，让人眼花缭乱，不知该如何选择。

林徽因慢慢地把对大海的激情转化为喜悦，并发现大海对自己有一种莫名的吸引力。就像那从留声机中发出来的悠然乐声，总会在婉转中让人为之一振。

她突然发现，没事可干的时候才是最美的岁月。

那时节，她最喜欢的事情就是将西化的上海和传统的北京进行比较。如果说上海是纸醉金迷，那么北京就是沉静含蓄。上海作为从18世纪开埠的繁华国际大都市，十里洋场是对它最好的概括，当然，这座城市也有着自己的东方韵味。而北京却是鸽哨与鸟笼交织的静谧，古老的皇城气质在四合院、悠远的胡同和寺庙中散发出来。身着蓝布衫的人们悠然地闲逛着，身边的驼队晃动着发出阵阵铃声，来来往往地驮着大包小包的货物，就和这四方城里的人一样，安然而又自在地日出而作，日落而息。

林徽因又把这些比较换了一番场景，移到了平稳的海面上，让所有的记忆和欲望一样，没有穷尽地延伸着。在这些时日里，她除了漫无目的地思考之外，还在想着另一个问题，那便是自己的人生归宿。去年，即1919年，林长民的朋友梁启超得知他要赴伦敦的事后，两家人一商议便着手操办一件让林徽因没有想到的事情——定亲。这年，梁思成十八岁，她十五岁。

虽然渴望爱情早些到来，可年轻的林徽因却不想将自己的婚姻束缚在这样的约定之中。这几年，她也陆陆续续见识了身边朋友的婚姻，有美满也有不幸。

反正，不管怎么样，两个对于儿女之事尚未开化的少男少女，就这样要在二人父亲的谈笑风生中逐渐走到一起。林长民和梁启超相识很久，又同为五四新文化运动的火炬手，所以两个孩子的结识也在情理之中。当这两家人此次坐在一起时，这件原本私密的事情便公之于众了。

北京的夏天热得有些让人喘不过气来。

从景山西街的雪池胡同到南长街织女桥的梁家大院，路不长，人力黄包车很快就结束了这短暂的行程。在梁启超宽大的书房里，已是翩翩少年的梁思成被林徽因深深吸引，在这次正式相见的一瞬间，那个迈入门槛的她便牢牢地占据了他的世界。

梁思成深情地看了一眼比自己小三岁的林徽因，而此时的林徽因却将头深深地埋在胸前，脸上早已羞得红润一片。在她的想法中，自己接受西式的教育，当然更期望能够来一次浪漫多情的自由恋爱，而后再登报秀一番与众不同的恩爱。这样的美好是值得人憧憬的，可是父母之命又不能不听。当然，这两位家长也并非全然是家长式的武断，他们在某种程度上还是倾向于尊重孩子们的意见。

你若安好，清风自来。

待思绪慢慢退去，大海便成了久违的朋友，在风的宁静中可以发现内心真正的自我，去除一切不必要的烦恼。在那一刻，林徽因感到自己是真实的、放松的。

青梅竹马

林徽因的出色要得益于父亲的培养。

林长民早年就读于日本早稻田大学，毕业回国后与同学刘崇佑在福州创办了一所政治学堂。原本想用所学的知识培养一些对国家建设有用的人才，但没过多久，辛亥革命爆发，于是这位血气方刚的年轻人立即投入了革命的洪流之中，先后奔赴上海、北京等地积极为革命呐喊呼吁。由于这种种表现，林长民很快就成为国民政府临时参议院的秘书长，参与到《中华民国临时约法》的草拟工作中。所有这一切让林长民感觉到自己终于有了用武之地，之后他又在北洋政府中担任司法总长职务，并出席了巴黎和会。

原本这一切的发展都是顺水顺风，所有的成就也让人羡慕不已。但林长民却不满当局在巴黎和会上表现出的种种软弱，他以司法为利器，积极在国内倡导宪政，并且不畏惧列强的淫威，于1919年5月2

日，在《晨报》上发表了《外交警报敬告国民》一文，引起了国内民众的强烈反响。1919年5月4日下午，北京十二所学校的三千多名爱国学生举行示威游行。五四运动爆发。

林长民将自己的这种性格悄无声息地传给了女儿，以至于林徽因在她之后的人生中，也一直努力追求着人格上的独立与自由。受林长民的影响，林徽因在传统文化修养和西方文化认知方面也有很高的造诣。但她也有脆弱的一面，对于寂寞和孤独，林徽因有着天生的恐惧。比如一到了黑夜，她就总会莫名地感到害怕，这或许是源于她早早就感受到的复杂生活吧。而出生于日本东京的梁思成则不同，他比林徽因大三岁，却对这个社会表现出了无限的热情。上学期间，他就是乐队的指挥，后来又陆续参与了策划设计等活动，凡是兴趣所至之处，他都不会轻易放过。

梁思成的成长同样受到了其父梁启超的影响。

当年，梁启超因为戊戌变法失败，心情一直比较沉闷，而长子梁思成的突然降临，让他多多少少又感到一些欣慰。尽管当时条件艰苦，但梁思成始终生活在一个家庭和睦的环境之中，这与林徽因的境遇截然不同。梁思成上学后，梁启超一边忙着参与政治变革，一边教儿子阅读中国传统文化典籍，强化他对中国传统文化的兴趣。因此，梁思成是在一个充满关爱的环境中成长起来的。

对国家命运的关心让梁启超和林长民越走越近。

确实，当年要不是林长民与汤化龙等人在上海发起成立“共和建设讨论会”，绝无可能与梁启超相识。彼时的梁启超因为参与戊戌变法失败，流亡日本已有三年。但在讨论会成员的眼中，梁启超仍是一个能够肩负重任之人。因此，大家一致决定拥护在日本流亡的梁启超为领袖，并立即发电请其归国。

本是一段工作中的际遇，却没想到让林长民和梁启超成为至交。1917年，梁启超出任北洋政府的财务总长，而林长民也同时成为司法总长。由于两家住的距离不远，又时常互相走动，因此膝下的孩子们也彼此熟悉，经常玩在一处。于是，两个意气相投的人在喝茶聊天之际生出了结成儿女亲家的想法。

“郎骑竹马来，绕床弄青梅。同居长干里，两小无嫌猜。”从古至今，这样的故事不乏其数。可人生中的青梅竹马到底是什么样的感情？是潜藏在心的欢喜，还是无法割舍的伤痛？

对梁思成和林徽因来说，不知道这段美好的往事是会在岁月的流逝中淡去，还是会牢不可破地铭刻在心。反正，眼前这一切呈现着天作之合的味道。

林徽因清楚地记得，那次离开了梁家书房之后，她很快就接到了梁思成的盛情邀请——一封字迹秀气而又工整的书信，让人很容易想到那副儒雅白净的面孔来。她不敢张扬，只是悉心地收好信，思虑再三后应了下来。

那个时候，社会正在兴起“男女婚姻，皆由本人自择，情志相合，乃立合约”的风气，并提倡“女子当与男子一切同之”“以启智慧，养其德性，健其身体，以造就其将来为贤母、为贤妇之始基”。培华女中虽为教会办学，但在启蒙女性方面无疑起了重要作用。入学以来，林徽因很快就接受了西学中男女平等、妇女解放等先进思想，并且在学好中国传统文化的同时，又对绘画、音乐、工艺等课程产生了浓厚的兴趣。

她与梁思成虽然都在北京，但一个在教规甚严的女中，另一个在清华学校（清华大学前身），真的要见面也不容易。于是，这对青梅竹马的年轻人最后把见面地点约在了太庙。

太庙位于天安门东侧，四周有三重围墙，里面遍植苍翠松柏，是明清两代皇帝祭奠祖先的家庙。相对于紫禁城而言，这里给人感觉格外安静，虽说也不乏庄严肃穆，但更透着一种触目惊心的荒凉。在这样残破不堪的环境中，已经无法从中读出中国古代王权与神权的象征。在那个兵荒马乱的时代，人们连生计都没个保障，谁又有心情去管理和修缮这些根本就没有人间烟火气息的建筑呢？

两人在荒草中漫无目的地行走着，其实也不知道该说些什么才好。一个在前面走着，不一会儿的工夫就在荒草丛中开出了一条可以过人的道路；而另一个则小心翼翼地跟在后面，生怕从这些草中蹿出来一些虫子。苍翠的枝叶压抑着天空，似乎要将蓝蓝的天分割成各种奇怪的形状，而两个“拓荒者”就这样走着，甚至连梁思成自己也有些埋怨自己，为什么会选择这样的一个地方？

七月的天气已经有些热了，知了不停地叫着，连周边杨树上歇息着的喜鹊也听烦了，黑白相间的身体时而飞起，时而又不安地停在树梢上，让人不知道它究竟在干什么。因为太庙的荒芜，已经很少有人来这里，所以这些小生命们很快就占据了这里，并将其视为自己的乐园。现在突然有人闯了进来，它们一个个自然都特别惊慌。

梁思成与林徽因十分别扭地走着，两人的衣服上已经沾挂了许多草棵。一只野雉突然从旁边的草丛中扑腾起来，花红的翅膀有力地扇着，以笨拙的姿势朝着太庙的廊檐下飞去，把周围的草扇得东倒西歪。虽说林徽因平日里胆子并不算小，但在这样的环境中，任何的风吹草动，都会让她心惊肉跳，担心会不会从哪里突然爬出一条蛇来，就那么恐怖地朝自己吐着信子。

她不知道自己朝着什么方向躲避才安全，就转身朝着来路跑了起来，齐耳的短发在风中飞扬，浓密的刘海也向四处翻飞。林徽因已经来不及在乎地面上的裂缝和那些高高矮矮的草棵了，她穿着学生装，边奔跑边叫喊，女性温柔优雅的形象陡然间全部消失了。突然，只觉着脚下一软，整个人就要朝前扑倒下去。梁思成正在前面汗流浃背地开着路，没注意到后面发生了什么，等他转过身时，发现平日里端庄稳重的林徽因正在慌乱地往回跑，便立刻冲了过去。等他抓住她的手时，两个人的脚步才终于停了下来。

“有怪物，有怪物啊！”显然，林徽因还处于惊吓之中。

“别吓自己了，人吓人吓死人的。”梁思成看着眼前这个毫不矫饰的女子，她脸上一片白一片红，汗水和着灰尘，已经凝结成不规则的痕迹。但即便这样也并不影响她的天生丽质，两鬓处的头发分明经过修剪，依稀还可以看到白皙的皮肤，细腻的脸颊更加映衬着她独特的美。她的眼睛，水灵得仿佛是高原上的神湖，让人一眼望不到底，紧张中透露出少女的羞涩。他又大胆地把目光从泛光的腮部移到了细软的嘴唇上。当然，他只是借着这个难得的机会细细观看，再次证实自己的眼光没错。

“真的好美。”这句话令林徽因从惶恐中惊醒了过来，她不知道自己该是什么表情才好，还从来没有一个男生会距离自己这么近。

“干什么？”她明显被这样的不怀好意激怒了。

“没，没——什么。”平日口齿伶俐的梁思成顿时变得结结巴巴起来，那模样就仿佛是一个正在偷东西的人冷不丁地被人给抓住了。

“还说没干什么？”她一副不依不饶的样子。

“我保证，什么都没有过，就是刚才看见你脸上有片草叶子。”梁思成灵机一动，为自己找了个借口。林徽因顺势朝着脸上摸起来，自然什么也不会摸到。

“啊，你还敢拉着我的手啊！”她又惊叫起来。

原来，等她的心绪逐渐平静下来，才发现自己的手被他牵着。这不经意的牵手，突然间让她有种奇妙的感觉，手心似乎很烫，又好像特别潮湿，真不知道该如何形容这种感觉，只觉得似乎有丝丝的电流在身体内穿行。对林徽因来说，今天发生的这些事情都是她从来不曾经历过的，她真是没有想到，这男女之间的授受相亲竟然是如此的妙不可言。她不由得想起书里写的那些故事，恍然明白了人和人之间，或许因为那不经意的一眼就足以情定终身。直至回到家里，林徽因的紧张心情都无法恢复，她一直在回忆着自己是如何被牵手的，那一刹那的美好感觉是从好奇到恐惧，很快又变为莫名的欣喜与幸福。

被野雉惊吓的小插曲过后，等二人真正走近太庙时，精美的建筑很快就转移了他们的视线和注意。这些建筑虽然已经在日晒雨淋中变得破旧不堪，但房顶上的脊兽却依然残留着帝王的气息，彰显着气势。两个年轻人欣赏着古老建筑的各种惊艳之处，深深沉醉其中，这场景就像一幅凝聚着时光的画。北京这座明清两个朝代的都城，以其独有的时代感见证了梁、林两个人的接触与交往，而这些建筑也似乎在冥冥中与他们结下了不解之缘。

那天下午，他们很快就缓解了尴尬的气氛，彼此不经意的目光接触也没有了太多的慌张。最重要的是，从太庙的那些精美建筑中，他们竟然找到了共同的爱好与话题，这又是他们从未料到过的。

从感情的发展来看，如果机缘注定要续写这段史上最为优雅的思念，或许只有用“青青子衿，悠悠我心”来表达了。只不过，智慧的林徽因没有将这种思绪表现在外，而是以另外一种方式深藏于内心；梁思成则大为不同，他在努力表达着自己的情绪，将心思用在为她所做的一切事情之中。

望着梁思成逐渐远去的背影，林徽因突然想起了梁启超的那篇朗朗上口的《少年中国说》来。她会心地笑了笑，什么也没有说。

少年强则国强，

少年独立则国独立，

少年自由则国自由，

少年进步则国进步，

……

外面的世界

其实，结伴同游是件快乐的事。

太庙里，荒草自由繁茂地生长着。但这片荒芜破旧的景象背后，其实还有着“古”的气息，让人心神为之一舒。庙里空无一人，说话都有着瓮声瓮气的回音。仰头望去，全是参差的树木，在风中不停地摇摆。地上的堆堆瓦砾散发着古旧、寂寥的气息，让人忍不住去凭吊。树下铺陈着厚厚的鸟粪，白的、黑的，厚厚的一层沾染在路面、树叶和草棵上，不过即使这样的情景，也让人生出一种敬畏之情。恰恰是由于很少有人来这里游玩，太庙中便多了些许神秘的味道，处处是苍茫超脱，与庙外的漫漫绿野形成对比。

偌大的太庙中，就只有他们两个人在闲逛着。如果说，男女之间的相处有着无法说清的灵动清新和腼腆快乐，那么这样的接触便如同喝下了一杯浓浓的粟米羹，让每个青春的毛孔都感受到了特别的抚慰。

在不曾仔细看过她的容貌前，梁思成已经为其怦然心动；而当他无意端详过眼前这个女子后，便更生出了一种特殊的感觉，那分明就是异性的恋慕。世上的花有千万朵，天上的繁星有亿万颗，但与林徽因的相遇却让他发现，她是花中最美的一朵，繁星中最亮的一颗，以至于很多年之后想起来时，才恍然大悟，原来自己的心早从那时开始便被她不知不觉地偷走了。在这样的陌生环境里，她需要关怀、需要依靠，也需要一份特殊的感情。

其实，林徽因自太庙见过梁思成后，并不清楚他对自己的印象究竟怎样，也没有过多地去问。一整天里，只是看着这个大男孩竟时时处处表现着细心。休息时，他会主动拂去石凳上的灰尘；行走时，又会主动帮自己提包；甚至发现自己流汗，都会主动递上一方手帕来。这所有的关心都是如此熨慰，让她感到温暖又甜蜜。

林徽因虽然身处在那个思想守旧又战乱纷飞的时代，却始终不缺乏独立、开放的精神。我们今天再看那些民国资料，依然会从中感受到属于那个时代的独特气质。所以，林徽因这样的女子是一份难得的美好，她的举手投足、气质修养都透着一股民国范儿。

那天，他们谈了不少的话题。

“你不打算出国留学吗？”

林徽因若有所思地摇摇头，她知道，从晚清开始，中国人出国留学就渐然成了一种风气和潮流，到了民国变得更甚。许多人通过外国传教士或者教会的资助走出了国门，去外界接受新的科学文化知识。随着时代的发展，数以万计的爱国青年都怀着“科学救国”“实业救国”“教育救国”的理想，远渡重洋前往外国勤工俭学，追求真理，学习发达国家的先进科学技术，以求振兴中华。林徽因身边也有不少同学在走着这样的路，当然这也是她梦寐以求的事。父亲林长民当年就曾留学日本，回国后视拯救中华民族危机为己任。父亲身上所具有的儒雅风流、气度胸怀，既有中国传统文化的影子，也得益于出国留学的经历，更重要的是他对自己的教养也是中国传统文化和西方文化的融合。在这个过程中，林徽因不仅仅是出于崇拜之心来认识父亲，更是想从父亲身上感知到相对开放自由的外界。

“你要留学吗？”林徽因出于礼节回问道。

“嗯，父亲准备让我留学去学习制夷之技。”说这些话的时候，他的眼睛终于抬了起来，那分明就是在问对方，愿不愿意一起去。1912年，十一岁的梁思成跟随父母从日本回到北京，先后就读于北京崇德国小及汇文中学。十四岁时进入清华学校读书。学习期间，成绩优异的他不但喜欢音乐、美术，而且对体育运动也是满怀热情，不仅经常参加学校的合唱团、军乐队，还先后担任乐队队长和第一小号手。此外，他还被校刊聘任为美术编辑，经常帮助排版和绘制各种插图。

梁思成是个多才多艺的人，林徽因也是通过聊天一点一点才了解到的。那一整天的接触下来，她知道他并非那种油嘴滑舌之人。只是面对这样的询问眼神，林徽因实在无法做出回答，因为她也不知道家人会如何安排自己以后的求学之路。最要命的是，她似乎根本就没有想过这些问题。

离开太庙时，西边的云彩已经一片通红。一天的喧嚣之后，这座古老的城市又恢复宁静。那些归巢的鸟儿，在空中趁机活跃着身姿，似乎是留恋，又似乎是一种告别的仪式。梁思成和林徽因也即将踏上匆匆的回家之路。

只是不知道眼前的快乐，能否让他们拥有未来。

“让我送你回家吧？”这个时候，书生气的他表现出了属于男人的勇气。

“不用了吧？我家离这里很近的。”林徽因内心是敏感的，在同梁思成见面的那一刻，就已经察觉到了他的局促、紧张。这样的表情中带着痴迷、甜蜜，当然也有淡淡的忧伤和虚幻。但就在对话的过程中，她发现自己的想法也很纠结，既期望梁思成能送自己，又不想彼此走得太近。

她再三推辞不过，只好点头应允。离开无比静寂的太庙，回到了人来车往的繁华中时，他们就仿佛是从天际来到了人间。当这两个年轻人穿行在城市当中时，彼此间的熟络，已经让他们在说话时没有了之前的顾虑。

这是十分美好的一天。

分别之际，梁思成又主动邀请林徽因去看乐队演奏。或许每个女孩子在这个时候都渴望拥抱或听到一些甜言蜜语，只是在这太多的未知中，林徽因不愿意让自己如此迅速地沉浸于爱情之中。

刹那芳华，水墨青花。始终在为自己谱写着如夏花般绚烂人生的林徽因，虽然此时年幼，但身上却不乏智慧的气息。她知道自己当下并不需要粉色的梦想，寂寞只能深植在心底深处，这是对自己的节制。纵然在一天的游玩中表现出了热情和飘逸，但她也不能失去属于自己的优雅。

受益于父亲的精神滋养，梁思成十分信任自己的眼光，主要是因为林徽因身上的安静素然既折射着才情与风华，也张扬着她充满自立精神的独特品格。可以说，她的美已不再局限于五官，更为准确地说，这美感来自灵魂。只要一走近，就能深深感受到那种优雅、丰盈。总之，林徽因这朵令人神往的莲花已经受到了目光的追随，她的优雅更像是一道风景，让这个才开始接触情感的大男孩感受到了舒心，也尝到了惬意。

能懂得自己，不苛责自己，也不苛责旁人。不难自己所不能，也不难别人所不能，更不怨命运或者上天，看清了世界本是各种人性混合而成的纠纷。

林徽因在面对复杂的人性时是如此淡定、超脱，以至于能在风轻云淡中不着笔墨，淡看花开花落。但这些，正处于情感懵懂期的梁思成是无法明白的，浪漫已经占据了他的全部，以至于他在这个时候根本无法看清现实。

面对梁思成热情的邀约，林徽因并没有拒绝。一周后，她如约去了清华学校看乐队排练。不懂才会感到新鲜，才会带着未知的好奇。虽然她经常会在广场上见到类似的表演，也为艺术家的精彩表现感到兴奋，但真正要去了解幕后的排练，确确实实有着太多的开心。

作为当时民国五所名校之一的清华学校，可以用这样一句话来描述：“倚燕山而望玉泉塔影，邻颐和而近圆明故垣。”明朝时这里为私家花园，清朝康熙年间则是圆明园的一部分。成为清华园以后，其间仍是秀木森森，古迹林立。河水从中蜿蜒而过，穿过古风雅致，便多了光彩秀丽，多了曲径通幽，多了园景旖旎。园内有着与校外不同的自然之美，恍若一处世外桃源，人行走在其中，目之所及，处处都有着苍翠的绿、惊艳的彩，尽显着典雅风范。树影荷塘，鸟语花香，林徽因从这样心醉的享受中走出来后，便循着高低起伏的音乐声找到了乐队排练室。出于对音乐的好奇，她偷偷地趴在窗边透过玻璃往里看。

乐队正在梁思成的指挥下认真地排练着，音符仿佛就在指挥棒的上下挥舞中跃动着，如同千军万马在奔腾，雄壮而又深情，又如滔滔不绝的江水，奔放不乏优美。只感觉那风在耳边怒吼，气吞山河。乐队在热情奔放的旋律里，撩动出了最为动情的波澜壮阔，以有力的气势寄托了不屈的气概，以独特的灵魂歌颂了不屈不挠的精神。梁思成手中的指挥棒看起来尤其带着一种儒雅的“霸气”，情绪随着他手臂的起落变得时而激越，时而委婉，时而动人。他微闭着眼，把那种投入和忘我都融汇在激情和热烈当中。乐曲给人的感觉就像是渐次绽放的花蕾，一朵一朵摄人魂魄，完美地响彻在排练室内。

在悠扬而又雄浑的乐曲中，林徽因分明感受到了内心的震撼，也为这样独特的音乐风格和别样的艺术气息而惊叹。她完全忘记了自己与排练厅还隔着一层玻璃，随着流畅而感动的旋律停了下来，她竟然想伸出手去鼓掌，结果差一点撞到鼻梁。

这时，梁思成才发现一直在门外“偷窥”的林徽因，赶紧走了过来，手里面还握着指挥棒，不失绅士风度地伸手邀请，很好地体现了个人的涵养和学校的开放精神。

“你怎么来也不说一声啊，徽因？”显然，激动的情绪使他不知该如何来表达这样的心情，但这种激动中同时还有着一种自信和炫耀。

“我，我，我想我能找到地方的。”只听旁边一阵哄笑，其实声音并不怎么大，却让林徽因十分尴尬。她站在梁思成身前，好像一个做错事的孩子，低着头，站也不是，坐也不是。

乐团成员见此情景，都知趣地陆陆续续离开了教室，刚才还翻飞着音乐的地方，顿时又变得一片安静。

“欢迎你来我们学校。”梁思成又找不到刚才的自如了，他不知道该怎么面对这个充满诗意的女子。在他眼里，也许是因为出生于西子湖畔，林徽因不凡的谈吐似乎带着与生俱来的诗意。这样的女子应该是感性的，充满着无尽的情思和趣味，但偏偏她又是趋向于理性的，身上尽显着优雅与聪慧。

“你都邀请了，要是不来就显得我不近人情了。再说上次去太庙，你讲了不少的建筑知识和绘画知识，我很感兴趣。今天专程来看看你的音乐才华。”她的话中带着调侃，但更多的是对梁思成印象的总结与归纳。这个看起来弱不禁风的大男孩，细细琢磨竟然有太多的可取之处，并非人们第一眼见到的那样油头粉面。

“这算是在夸奖我吗？古人说水低成海，人低成王；圣者无名，大者无形；鹰立如睡，虎行似病；贵而不显，华而不炫；韬光养晦，深藏不露；才高不自诩，位高不自傲。”或许是为了表现自己，梁思成一口气引用了许多经典。

“你这是在背诵吗？我可不是手持戒尺的老师。”话音刚落，她银铃般的笑声响了起来，如同水花轻轻地碰在了石头上。

“走吧，别站在这空荡荡的教室里了。”

梁思成这才反应过来，忙带着林徽因离开了教室。室外的光线不错，到处都是学生，两个人很快就融入了这样的画面之中。

“当我穿越田野的时候，我看到了一朵美丽的花，我就把它摘了下来，并认为它是美丽的。而且，当我后来又看见很多美丽的花的时候，我依然坚持着对这朵的信念不动摇，所以我把最美丽的花摘回来了。”“这就是幸福。”也不知道为什么，当梁思成和林徽因走在一起时，他突然想起了柏拉图和苏格拉底的这段对话，并在心底静静地默诵了一遍。

如果把生活比喻为一件艺术品的话，那么林徽因的出现，无疑给梁思成的生活添上了最为生动的一笔。

这又是一个快乐的下午，两个人在那片圆明园的废墟上，继续愉快地讨论起了建筑与绘画。这些凝固起来的艺术，在梁思成这里似乎有着永远都说不完的故事，而林徽因在仔细倾听的同时，看向他的眼神里，总是满含着敬佩。

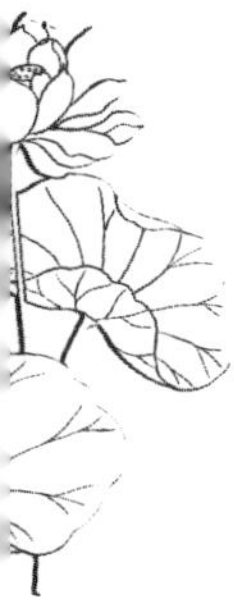

第二章 有情不必终老

万水千山

真正有梦的人，心中一定藏有万水千山。

而林徽因风宿水餐的目的，其实就是想历经千辛万苦，跨越万水千山，最终一睹英伦的真容。

离开培华女中时，林徽因已经十四岁了。为了纪念这段读书时光，也为了与童年进行告别，她专程去了一趟市中心的照相馆，想为自己留下一个美好的回忆。那天，她一袭长裙在身，又粗又长的辫子从脑后斜斜地搭于右肩前，身后是一片树木葳蕤的布景，似云似雾地营造出缥缈的景致。她站立在镜头前，随着“咔嚓”一声，灯光闪烁了几下，林徽因的青春时代就这样被定格在画面中。一直以来，她对于照相都抱有浓厚的兴趣，每一处有纪念意义的地方，她都会想方设法为自己留下难得的影像。有时候，她感觉照片中的那个人同自己很像，有时候又感觉貌若两人。

或许真是江南的烟雨迷蒙滋养了林徽因的情绪，她总是期盼着生活有点浪漫发生。在没有认识梁思成之前，所有的美好都沉浸在单薄的照片中。见到了梁思成之后，虽然也有过几次相约，却感觉与故事中的一见钟情相差甚远。当然，这个时候的她不会过多地独坐高楼叹情深缘浅，也不会浪漫多情地背诵《诗经》中的句子。现在近十六岁的林徽因完全被父亲所描绘的世界吸引了，她恨不得立即就行驶在浩渺的大海之上。想到这里，她忍不住又把父亲的信掏了出来，悄无声息地读了起来。

> 我此次远游携汝同行，第一要汝观览诸国事物增长见识。第二要汝近我身边能领悟我的胸次怀抱……第三要汝暂时离去家庭烦琐生活，俾得扩大眼光，养成将来改良社会的见解与能力。

林徽因心目中的父亲不仅有着丰富的见识，而且风度翩翩。林长民少时跟随中国翻译界的泰斗人物林纾学习，自那时起他就开始向往外面的世界，以至于在后来的科举考试中高中秀才，他也是弃之不顾，而是跟随外籍教师刻苦学习外语，并积极前往日本的早稻田大学学习政治和经济。林长民这样的志向也在无形中影响了林徽因，尤其是其秉性和才情。

1920年4月，父女俩如期登上了开往法国的邮轮。

这一路上，林徽因总算是领略了大海的辽阔。烟雾缭绕中，林长民一个人静静地坐在椅子上，紧锁眉头，担忧着国家的前途命运。海水不停地翻涌着，他的神情是这样的严肃，却也透着一种男人专注凝神的美，在远处云天的映照下，仿佛一尊雕像。父亲这样的形象突然间让林徽因在心中生出愿望，不能够白来这世上一遭，稀里糊涂地过这一生。而这种想法也合乎了其父亲的意愿，林长民正是希望通过带着女儿出游，令她增长见识，解放思想，感受当时最先进的教育和文化。读万卷书，不如行万里路。要想真正开阔视野，只有把自己融入到广博的世界之中。

一个多月后，邮轮终于到达了处处充满着浪漫气息的法国。父女二人很快就安顿好了住处，然后迫不及待地开始了一场行游欧洲大陆的旅程。

人在异域，总是容易忘记家中发生的不快。面对别样的鲜活与新奇，林徽因甚至连与梁思成在一起时的开心也记不起来了，只感觉到自己的渺小，就如同一只低着头赶路的蚂蚁。

法国很美，美得璀璨，美得多情，美得诱人。海明威在其作品《流动的盛宴》中写道："如果你有幸在年轻时到过巴黎，那么以后不管你到哪里去，它都会跟着你一生一世，因为巴黎是一场流动的盛宴。"林徽因现在总算明白，一座城市的美不只是外在，更来自其无法言说的内涵，来过一次之后，便会像梦一样挥之不去。当然，她最喜欢的还是静静地观瞻那些生动而又出神入化的建筑。无论是细腻的艺术设计，还是粗犷的建造技术，都不失其雄伟和辉煌。当然，她还喜欢这里流淌的塞纳河。与黄浦江不同，塞纳河多了一些浪漫，绸带一样穿过各种神圣的建筑。那些天里，林徽因流连在这些风景中，不愿去找寻离开的路，这个叫作巴黎的城市，将艺术、历史、时尚、文化与浪漫融于一体，叫人来了就不想走，走了又无法忘却。

还没有看够埃菲尔铁塔、凯旋门、卢浮宫、巴黎圣母院等地标建筑，林徽因就要离开这个美好的国家了，她的思绪还在香榭丽舍大道上飘游着，眼睛贪婪而又多情地看着这一切，似乎永远看不够、望不完，那颗激动而好奇的心早已在种种风俗人情中陶醉了。

如果说巴黎是一座艺术之城，那么当林徽因到了有着欧洲花园之称的日内瓦时，则又感受到了另一种艺术文化气息。不论是漫步在街巷还是徜徉在湖畔，人们都会不由自主地被那些精致的建筑和雕像所吸引。这依山傍水的城市，曾是伏尔泰、拜伦、卢梭、雨果等先哲们生活过的地方。尤其是那缠绕得满山遍野的葡萄枝蔓，映衬着灵秀幽静的中欧第一大湖——日内瓦湖，简直是美不胜收。天上下着细密的小雨，眼前是飞瀑和茂密的林木，牛羊悠然自得地吃着草，远处是各色的城堡。林徽因和父亲有说有笑地走着，仿佛进入了美妙的童话之中。这样的景色让她想到了杭州的美。每逢雨季，淅淅沥沥的雨总是没完没了，她喜欢在雨中来回穿梭，直至长大后，都依然怀念着那时的开心。

这样的旅行是自在的。除了欣赏风景，少不了的就是大快朵颐，尽情享受各地的美食。西班牙海鲜饭、油条蘸巧克力、甘蓝肉末卷、小牛肉香肠、肉馅饼、乳酪、希腊粽等，这些舌尖上的欧洲美食既暖心又暖胃，实在是让人非常留恋。更要命的是，这些食品遍布大街小巷，让人如何也抵挡不住它们的诱惑。萧伯纳曾说：“没有比热爱饮食更真诚的爱了。”这样的文字让人不得不为他的热爱所感动，仿佛不懂得饮食文化，就无法真正体味到生活的幸福与美妙。

眼前这所有的见闻，对于林徽因来说都是陌生的。它们与书本中所介绍的有着太多的不同。那些霓虹灯下的建筑，除了让人惊叹之外，更让人在心中产生了鲜明而强烈的对比。隔着大海，一端是思念中的残破不堪，一端却是现实中的欣欣向荣。或许是因为完全处于旅行的状态之中，林徽因并没有产生过多的联想，感受到更多的还是浪漫自由的味道。

喜欢，原本并不需要特别的意义和理由，只是一种心态罢了。行走在陌生的环境中，林徽因的心中充满了无限的憧憬和向往。

从巴黎到日内瓦，从罗马到柏林，再从欧洲的传统文化到教育方式，无论是自然景观，还是与东方不同的生活方式，都让林徽因不断地感到新鲜，或许多年以后，她会忘却行程中的许多体验，可心灵和思想上的体悟却会一点点潜移默化地改变和影响她的观念。她也了解到，旅行不只是单纯地上车、上船，更重要的是要取得令人难以忘怀的特别收获，这样方能不辜负这一场跋涉，方能慰藉心中所有的遗憾。

在柏林时，她没有想到会见到自己特别喜欢的莲花。那是一幅油画作品——莫奈的《睡莲》，静心屏气地去看这样一幅诗情画意的作品，的确让人在熟悉中感到了兴奋，甚至还带有一种留恋。纸上的莲花色彩柔和，似乎比杭州家中的灵动花色更多了些许灰色。但也正是这样的深深浅浅、远近不同的表现手法，让画面多了些想象，多了那种可以瞬间将美放大到极致的生动。林徽因站在画前，四周很是安静，她久久不愿离去，脑海中浮现出的是这些天的游览经历。父亲站在一旁，不去打扰她，任她年幼的心在这样的生机盎然中恣意驰骋。

从小到大，林长民从未疏于对女儿的教育。此次出游已经让他感觉到了女儿内心的冲撞，他知道这是中西方文化观念的对峙与融合，也是她对西方生活的逐渐接受与融入，她的每一次惊诧，自然都无法逃脱他犀利而又深刻的眼神。在林长民眼中，女儿是一株刚刚出土的嫩芽，虽然她格外向往外界的风雨，但却不知道能否承受起风云变化的折磨。他很清楚，在短时间内熟悉这样的生活是根本不可能的，尤其是女儿看似温和的性情中，其实有着太多的桀骜不驯，那种坚定和干脆并不是任何人都可以改变或者驾驭的。

除了感受女儿的变化外，林长民也会将旅途中的见闻一一记录下来。这些内容既是女儿成长的见证，又是他对于外界变化的敏锐捕捉。

罗山名迹，登陆少驻，雨湖烟雾，向晚渐消；夕阳还山，岚气万变。其色青、绿、红、紫，深浅隐现，幻相无穷。积雪峰巅，于叠嶂间时露一二，晶莹如玉。赤者又类玛瑙红也。罗山茶寮，雨后来客绝少，余等憩Hotel at Chardraux时许……七时归舟，改乘Simplon，亦一湖畔地名。晚行较迅。云暗如山，霭绿于水，船窗玻璃染作深碧，天际尚有微明。

文字中变化的又岂止是奇妙的景色，其中自然也包含着林长民对于女儿细微变化的感受，只不过这些都被林长民以另一种方式表现了出来。旅途中的奇人和逸事，让林徽因贪婪地认知着这个全新的世界，甚至想在这样的世界中长驻不走。正当同龄人在国内已经嫁为人妇时，彻底告别了少女时代的林徽因却在放眼看着世界。

资本主义虽然压榨着中国人民的血汗，但落后的中国要想崛起，就必须学习西方的先进知识和技术。所以这一路上，林长民将这些景点的知识填鸭式地一一告诉女儿，以期日后有用武之地。而林徽因的想法也很简单，在这样的旅途中，她完全不加任何遴选，无论是神秘的建筑，还是唯美的艺术，或是可口的美食、悠然的风物，她都兴致勃勃地当作一场视觉盛宴来对待。这样的经历，让她在短暂的时间里极大地开阔了视野。

旅行结束之后，林长民打算带女儿在伦敦长住一段时间。1920年9月，经过一段充足的准备，林徽因以优异的成绩考入了距离其当时住所不远的爱丁堡圣玛丽学院。位于阿门路的这所学院深深地吸引着她，令她带着极大的热情融入了丰富有趣的校园生活。为了让女儿的业余生活更加充实，林长民又给女儿请了钢琴老师和英语老师，不断地强化着林徽因思想上的认知和修养。安排好女儿的一切之后，这个擅长交际、心中又时常装着梦想的人开始了自己的工作。

林长民的主要任务之一就是应酬，他需要经常与各种各样的人探讨如何振兴国家的问题。而林徽因则总是懂事地待在一旁，尝试着阅读各种各样的外文书籍，在这期间，她喜欢上了霍普金斯、萧伯纳、勃朗宁等人的作品，阅读过程中不断地将这些书籍与中国传统书籍进行比较。

生活就是这样，在经过一段时间的热闹与喜悦之后，林徽因的心中又多多少少会有些低落，那分明就是一种思家的感觉。虽然说母亲的责骂那么不堪入耳，家庭关系又错综复杂，但思乡的感觉着实让人难受。就连古人也说："独在异乡为异客，每逢佳节倍思亲。"思念，是一种美丽，当那一行行写满煎熬的寂寞油然生起时，连窗前的风也变成了纷扰。

夜是漫长的，却不知道该为谁来守望，记忆深处的往事，反复咀嚼后也都变成了美好的点缀。本来有话还可以同父亲说，可是他老人家一天到晚根本就见不着人影，有时甚至几天都不会回家。林徽因知道他工作很忙，可是难道真的只能让这些思念在心中默默守候或者风干吗？她是真的想念家了，在海外的繁华生活终究抵不过一个人孤单的夜晚。对于林徽因来说，她不怕冷，却无法忍受这样的冷清，而这个时候，她只能试图安慰自己，权当这样的出行是一次人生的修行。

出于无聊，没课的时候，林徽因就会看房东黛丝画画。常常一待就是一天，她从那些分明的线条中，学着去欣赏独特的美感。

黛丝是一个特别安静的人，这与林徽因的性格有些相似。

有一次，林徽因在父亲的安排下，跟随房东一家前往位于英格兰南部的海滨小城——布莱顿度假。在蓝色的布莱顿海滨，林徽因看着阳光下的海，灿烂得如同布莱顿的玫瑰园。

在岸上休息的时候，黛丝的妹妹斯泰西用沙子堆了一座城堡，堆到一半，城堡塌了，她喊着姐姐："来！工程师，帮帮忙。"黛丝不一会儿就堆成了一座结实的城堡。

林徽因问："她为什么叫你工程师？"黛丝说："因为我对建筑感兴趣，将来要做工程师。你身后那座王宫是中国风格的建筑，明天我要去画素描，你可以跟我一起去吗？顺便也给我讲讲中国的建筑。"林徽因问："你说的是盖房子吗？"黛丝说："不，建筑和盖房子不完全是一回事。就像诗歌和绘画一样，建筑是一门艺术，它有自己独特的语言，这是大师们才能掌握的。"

这是林徽因平生第一次听到这样的解释，当时她很震惊，也很心动，对建筑的兴趣也逐渐加深，这个心思敏感的女孩私下里借了些与建筑学有关的书来读。慢慢地，她的世界里有了更加奇妙的建筑知识和历史知识，也不知道自己怎么就沉浸于这样的知识中。

这样的交流，让林徽因逐渐了解到，房东原来是一名优秀的工程师，而她画在纸上的这些图，最终都会变成立体的艺术。当房东问到林徽因的梦想时，她却无言以对，她纵然有着诸多爱好，却不知道自己内心深处的梦想到底是什么。

时间从不停下脚步，生活就这样不断发生着变化。父亲有时也会问起女儿，想了解她心中到底是怎样的感受。她只是淡淡地答道："来了，就不会后悔这样的选择。"

这个不经世事的女孩子和欧洲的繁华本无任何联系，但偏偏她又克服了重重困难，跨越千山万水来到这里，从而让所有的故事情节变得不可预测起来。

一段时间过后，林长民不再整天出去奔波，因为有很多的文人志士络绎不绝地来到他的家里。这其中既有外国友人，也有中国同胞，大家在一起讨论政治，有时涉及人权、国家等话题，众人常常会争得面红耳赤。而林徽因总会在这时主动为父亲的朋友们端茶倒水，送些水果和可口的甜点，她从不主动插嘴，只是静静地站在一旁听着这些陌生而有趣的事情。也只有这个时候，她的内心才会变得平和。久而久之，她也渐渐对于这样的社交变得感兴趣起来。这样的平和更像是幸福的存在，她在学习为人处世与接人待物的过程中，思绪也与外界有了更多的接触，并得到了新的延伸。

纵有三千烦恼，不如拈花一笑。对林徽因来说，这样的生活是有意思的。那些激动人心的争论，分明是人生的一种境界。她只需要一个微笑，在激动与恬静中任心情飞扬。这也是一种气质的修炼，是超然于平庸的平淡，是于无声处听惊雷的幽远。

房东外出写生时仍然会经常邀约她，只要她有时间就会欣然一同前往，长此以往，倒是认识了许多不同的建筑，虽然说每次外出都会带着书本，但实际上她的眼光和心却早已放在了那些粗细不一的线条上，仿佛神奇的黑白线条会架构出不同的故事来。

人都是这样的，对喜欢的人和事，总会在不知不觉中生出一些情愫来。林徽因从来不曾想到自己会对建筑有着那样深的感情，就像接下来要开始的恋情一样轰轰烈烈。

刹那邂逅

一天下午，家里出乎意料地静，林长民趴在桌前写着什么。外面突然传来了敲声门，林徽因很不情愿地放下手中的建筑书籍，起身去开门，门一打开，便看见了一位戴着眼镜的学生。

“请问这是林长民先生的家吗？”

她呆呆地点头，其实心里还在想着那本建筑书中的内容，根本没有认真听对方说了什么。

林长民闻声走了出来。

“您是？”

“林先生好，我是徐志摩，梁启超先生门下的弟子。”学生说罢，微微弓腰，真诚而又谦虚。

说到梁启超，林长民才恍然发觉自己已经有段时间没有和这位老朋友联系了。握手之后，便请徐志摩进屋落座。经过短暂的交流后，林长民没想到眼前这个年轻人对于自己的往事竟如此熟悉，尤其是自己在日本留学的那段时光。

林长民在日本留学生中是公认的明星式人物，常常是“家本素封，交际所需，不匮于用”。这样热心社会公益、乐于助人的豪爽做派，深得大家的敬重和喜欢。看来徐志摩来之前是做足了功课的，否则也不会让林长民眼前为之一亮。通过谈话，林长民已经对徐志摩生出许多好感来。

说到曾经的留学之地日本，林长民已没有太多的留恋，言谈中甚至还流露出他对于日本的反感之情。为什么这样说呢？五四运动爆发的导火索之一，是林长民在《晨报》发表文章揭露了政府的卖国行径。从个人立场来说，他始终反对巴黎和会上中国签订的不平等条约，结果却遭到了大总统徐世昌的反复训斥，甚至连日本政府也对其恨之入骨，照北洋政府的说法：“这回北京市民的公愤，全是外交协会林长民等煽动起来的。”在随后的事态发展中，林长民仍坚守初衷，坚持维护国权的民间立场。

但日方的外交言辞充满了敌意，日本大使小幡酉吉竟然照会中国外交部，声称：

外交委员会委员、干事长林长民君，五月二日《晨报》《国民公报》等特揭署名之警告文，内有“今果至此，则胶州亡矣！山东亡矣！国不国矣！……愿合我四万万众誓死图之”等语，似有故意煽动之嫌。此事与五月四日北京大学生酿成纵火伤人暴动之事，本公使之深以为遗憾者。……尔来北京散布之传单，多以“胶州亡矣！山东亡矣！”为题，传播各省，煽动实行排斥日货。

日本大使还要求中国政府禁止此类言论发表，并威胁说：“若果放置此等风潮，不特有酿成贵国内治意外之扰乱，怕有惹起两国国际重大之事态。”

林长民后上书总统徐世昌，请求辞去外交委员会职务，以免政府为难，但他警惕日方阴谋的态度并无改变，遂在发表的文章末尾专门列举了日本报纸中有关日方对山东拥有权的言论，要求训令驻日大使质问抗议。正当中日两国外交陷入焦灼之际，林长民又公开发声：

势力侵凌，利权日失，空拥领土，所存几何？山东亡矣，国不国矣，长民尚欲日讨国民而告之也。若谓职任外交委员，便应结舌于外交失败之下，此何说也？

林长民将自己的拳拳报国之心公示于天下。此后，他又以曾经留学日本的身份，公开在《中国公报》上发表了一篇长文《敬告日本人》。文中良言开导日本人民，并细致陈述了中方的愿望，提出处理国际关系应遵守的准则：

> 正义人道一涉本身利害问题，便设许多例外，吾不能不为正义人道哀。此当向世界各国今日所号称强国者进一忠言，勿为伪善，尤望亲爱之日本人毋自欺以欺人。

文中还说到中国人民对日本人民的感情：

> 吾今敢正告日本人曰：吾国人之对君等实有不可讳言之痛矣。除极少数之人外，不论阶级高下、知识深浅、思想新旧，观察纵有异同，饮恨几于一致。经一度事变，便增一分怨毒，毋谓吾人爱国无持久性也。假令事变之生，继续不已，君等怙过，迄无悛心，相激相荡，终有不堪设想者。

从此，林长民与日本绝缘。欧洲之行便是他与日本断绝关系的象征。如今，再说到日本，林长民虽有些不快，但他没有将情绪表露出来，只是轻描淡写地随意聊了几句。

几天后，徐志摩再次来拜访。只不过这次他是与在英国伦敦政治经济学院留学的陈通伯（笔名西滢）一起来的。因为有了上一次的接触，这一次他们很快就聊到了一起。从这次的聊天中，林长民知道了徐志摩是浙江海宁人。

“林先生家也在浙江？”

“是的，在杭州。”

“幸会幸会，我家在海宁硖石。”徐志摩说道。

“海宁可是个好地方，家父此前任过海宁知府，曾经还带我去过几次硖石游玩。记得还有两座叫‘双山’的山峰，从山上俯瞰时景色特别美。那地方还有种石头，看着好大好沉，扔到水里却可以漂起来，但那里的芦苇扔到水里却会直接沉下去。”

听林长民说得投入，徐志摩笑着回应：“时间过去了那么久，难得您还能历历在目。”或许就因为那所谓的浮石和芦苇，让两个人的距离不断地拉近。他们一会儿深思不语，一会儿又捧腹大笑，言谈中甚至还出现了家乡话，倒是把陈通伯听得一头雾水。林徽因在一旁看着父亲和徐志摩侃侃而谈，又看了看有些不知所云的陈通伯，心中不免觉得有趣。

自那以后，徐志摩就成了林家的常客。

所谓人生，遇见知己的同时也就遇见了一道风景。

伦敦的时光总是特别地慢，风很慢、雨很慢、月光也很慢，甚至连常常可以见到的海水也变得很慢。在这样的慢时光中，林徽因喜欢一个人坐着发呆，看天看水看镜中的自己。自从来到伦敦后，林长民的节奏也逐渐地慢下来。他愈发喜欢女儿的状态，在与别人愉快的谈话中，会不时地提及自己的女儿，偶尔还会唤声“徽因过来”。

每当这时，林徽因便会循着声音走过来，倒茶添水。特别是在伦敦，这里的人都喜欢在下午就着阳光边喝红茶边聊天，林长民也慢慢地习惯了这样的生活。除了与朋友聊天外，还喜欢在兴之所至时挥笔写一些书法作品，身边的朋友亦不免为这样的落笔生辉而喝彩。林长民在这方面从不谦虚，常常陶醉于其中，恣意地挥洒手中的笔墨。

这样的生活，暂时让林长民忘记了心中的不快，也让林徽因认识了更多的人。

有天下午，林长民禁不住陈通伯等人的央求，又铺好纸张准备挥笔书写时，徐志摩却似乎因为想起什么事情而离开了人群。没有了人声的嘈杂，徐志摩的脑袋才算静了下来，他的心情有些烦乱，但又不知道自己到底要做些什么才好，便趴在窗前看着窗外，过了许久之后，心情才算好了些。当他转身要回到客厅时，险些把从身后端水走过的林徽因撞倒。

“不好意思。”徐志摩还没看清对方是谁，已先开口道歉。

“没事，徐先生。”林徽因答到。

“你是？你怎么知道我的？”本来觉着自己如同一叶浮萍的徐志摩心生好奇，不由多说了几句，他抬起头，还不待她开口说话，又连忙说，“你是林先生的女儿吧？”

“嗯。”最近一段时间功课不多，林徽因一有空就跑回来帮父亲做些事情，没想到这个戴着玳瑁眼镜的年轻人竟然如此冒失，险些将自己撞倒，原本有些不快，但听他立刻道了歉，便含笑点头，然后朝着客厅走去。

望着林徽因走远的身影，徐志摩眼中竟然生出了万种风情。她今日梳着两条小辫子，走路时一翘一翘，让人感觉分明就是一朵生在水中的莲花，只能远观而不能亵玩。他突然击了一下双掌，才发现所有的烦乱已不知道何时逃遁远去。

徐志摩又看了一眼那远去的背影，脸上露出了笑容。他本来想好要去客厅的，现在却若有所思地留了下来。如他所料，不一会儿，林徽因又从客厅那边走了过来。

“林小姐好。”徐志摩主动上前招呼。

“徐先生还在这里思考问题啊？”林徽因停住脚步，显得不惊不慌，清丽而自信。

“思考什么问题？主要是里面人多，烟味让人头昏，出来透透气。”徐志摩头脑异常活跃，想也不想就把话说了出来。

“我父亲就是烟鬼，平日里怎么说都没用。对了，你可别告诉他我说他坏话啊。”流水一样的声音注入他的心底，这是徐志摩不曾想到的，从林徽因身上似乎找不到其他女孩的那种矜持，更多的反而是温润如玉的沉稳和幽默。

“要是你陪我聊天，我保准不告诉林先生。”他也不知道自己为何会突然提出这样的要求。

“林先生好有趣呢，小女子此时不是正在陪您聊天吗？对了，我叫林徽因，很高兴认识先生。”说着伸出手来，完全是接受过西式教育的做派，这倒是让徐志摩有些不知所措。其实，林徽因也没有想到自己会有这样的举动，也许是因为近段时间听到了这位诗人的各种话题，心中不免有些冲动。更奇妙的是，彼此一开口，就有一种很熟悉的感觉。

有缘千里来相会，无缘对面不相识。每个人都在人海茫茫中寻找着需要了解的人，然后两个人从陌生到熟悉。出于对彼此的兴趣，徐志摩和林徽因正在慢慢地靠近对方，不知道这算不算是一种难得的缘分。

在与林徽因交谈的过程中，徐志摩已经全然忘记了外面的一切。他只觉得这样的相遇就是命运的安排，而眼前这个才十六岁的女孩，完全扰乱了他所有的计划和安排。现在，他需要重新整理情绪，好好地了解一下这个不谙世事，却颇有见地的林徽因了。虽然自己比她大了将近八岁，可眼前这个人已经完全颠覆了他的认知，无论是她对文学作品的见解和悟性，还是她身上所显现出来的优雅姿态，都仿佛是岁月对她的额外馈赠，以至于在这平淡的生活中有了不同的瑰丽。

林徽因的心中也是快乐的，在异国他乡终于有个能说话的人了。

柔情似水

1918年夏天，徐志摩从上海启程赴美国学习银行学。第一年是在伍斯特的克拉克大学，后来又进了历史系，选读社会学、经济学、历史学等课程，以期自己将来做一个中国的“汉密尔顿”。获得学士学位后，他并不以此为满足，随即转入纽约哥伦比亚大学的研究院学习经济。他也因此获得了广泛的哲学思想和政治学知识。

徐志摩的父亲徐申如在海宁硖石当地拥有裕通钱庄、硖石电灯公司、捷利电话公司、双山丝厂等实业，胡适曾评：“申如先生为硖石最有势力之人，有‘硖石皇帝’之称。”有这样的经济条件，在亲身感受了军阀混战之后，徐志摩决定到国外留学，寻求改变中国现状的“药方”，以实行他“理想中的革命”。

缠绵如织的春雨，纷纷扬扬地淋湿了岁月，浸在其中的万物疯狂地生长着。各样的树叶先后绿了起来，连鸟儿的歌声也似乎饱含着春天的气息，那些不经事的孩子，更是在春的怀抱里开心地玩乐。

这是1921年，春天以其明快和唯美带给人们享受。

其实，这样的心情也特别适合十六岁的林徽因。虽然她还会时不时想起邮轮上的生活，也会回忆欧洲数国的旅行，尤其是白日里观水看景，夜间在波涛摇摆中睡去的感觉，似乎格外惬意。但结束了漫长的旅途后，她又以另一种心情投入学习和生活中。这个时候，她也会想，大海的这一端究竟有着何样的迷人，竟然会吸引着成百上千的中国青年远渡重洋留学深造。

此前，她一直在北京培华女中读书，见惯了长发长袍、书生意气的青年，现在随着父亲来到这方异域接触新知识，心中的紧张是远远大于舒畅的，这紧张让她不知该如何来面对这些金发碧眼的“鬼子”才好。

与林徽因的留学不同，徐志摩的出国则带了更多的个人感情色彩。他在北京大学读书期间，就有着与众不同的性格。因为喜欢西方哲学家罗素，对其优美的文笔与缜密的思维有着近乎狂热的痴迷，他由此对哲学也产生了浓厚的兴趣，以至于后来对于日常生活中的嬉笑怒骂，也要研究一二。

到了1920年时，徐志摩已在美国待了两年，美国资产阶级对物质利欲的追求和贪婪已经让他感到厌倦，加之内心早已受到英国哲学家罗素的吸引，于是他摆脱了哥伦比亚大学博士头衔的诱惑，自己做主横渡大西洋，来到英国。用徐志摩自己的话讲就是“想跟这位20世纪的伏尔泰认真念一点书去”。

罗素是英国的哲学家、数学家、逻辑学家和那个时代的先知，一直致力于哲学的大众化普及。他认为：“人的一生就应该像一条河，开始是涓涓细流，被狭窄的河岸所束缚，然后，它激烈地奔过巨石，冲越瀑布。渐渐地，河流变宽了，两边的堤岸也远去，河水流动得更加平静。最后，它自然地融入了大海，并毫无痛苦地消失了自我。”

的确如此，至少在徐志摩看来人生就是如此。内心强烈的喜欢，让他不断地滋生着面对生活的勇气，也将自己诗人的气质彰显得更为全面、充满个性。

伦敦是个低调而又充满文艺味道的城市。

当林徽因一脚踏进这个陌生的世界时，所有未知的新奇都扑面而来。目光所及，像是一幅硕大无比的油画，把这里的风土人情一一展现出来。林徽因一下子就喜欢上了这座古老的城市，瞬时被“雾都”的氛围深深吸引。

伦敦的春天也很美，岁月在不断地涤去尘埃，眼前是花红柳绿的风景。一切都在春风中悄然酝酿着，包括那为人津津乐道的爱情。

初到伦敦，一切都让徐志摩觉得自己的路走对了，终于可以按照自己的想法好好学习了。可不曾想，罗素因为参与反战活动而被校方开除，致使徐志摩没有实现跟随罗素学习的夙愿。他带着无比失落的心情，在伦敦政治经济学院无聊地待了一段时间。不久，他结识了林长民，并经林长民介绍，认识了英国作家狄更生，后又在狄更生的帮助下以特别生的资格来到康桥大学（今译为剑桥大学）皇家学院求学。

1921年10月，正在康桥大学读书的徐志摩，受国际联盟协会邀请，出任一次演讲比赛活动的执行主席。“中国国际联盟同盟会”驻欧代表林长民也受邀出席，当时，他身着燕尾长服，神情自若地坐在会场中等待发言。当他环顾四周时，无意中看到了正在主持会议的徐志摩。徐志摩一派气宇轩昂，非常有礼貌地对他点头示意。

林长民随后慷慨激昂地进行演讲，“摇曳多姿的吐属，蓓蕾似的满缀着警句与谐趣”。徐志摩一下子就被打动了。或许是因为同乡，又或许是缘分。这次的相遇让两个远渡重洋的中国人成了无话不说的朋友。两人交谈甚欢，那股亲热劲儿，倒是让站在一旁的陈通伯和章士钊十分费解。

随着林长民与徐志摩关系的加深，他愈发看好这位小老乡，也时不时地请他去家里做客。徐志摩和林徽因就这样认识了，彼此在年龄上相差七岁零四个月，论辈分她应该叫他叔叔。

缘分像是一味药，不断地促使着红男绿女们在生命中遇见，因了人与人之间无法说清楚的缘分，于是这多情而又多彩的世界便变得奇妙起来。

正是出于这样的机缘巧合，一身文艺气息的徐志摩自从偶然结识了才情飘逸的林徽因后，便感觉自己陷入了情感的沼泽，从而也让他对于这样的相识有着深刻的记忆。乍一见她，虽然其外表被稚嫩和含蓄包裹着，但内在却似一朵暗香盈袖的出水芙蓉，二十四岁的徐志摩忍不住有些心动了，他从林徽因身上分明看到了一种超乎寻常人的非凡气质——“既具有大家闺秀那种幽娴贞静的传统风韵，又有着现代女性的那种活泼、大方的气质，言谈举止之间，透着一股浓浓的书卷气。”能够在异国他乡见到这样让人心动的女子，本来多情的心就像潮水一样开始翻涌。

任性支撑着徐志摩的所作所为，也让他变得不快乐起来。

徐志摩内心的野马，也不知道怎么就冲撞了开来，在心灵的原野上四处狂奔着。他被林徽因不食人间烟火的飘逸之美惊扰得茶饭不思。在暗暗倾慕佳人许久之后，徐志摩开始发疯似的往林家跑，林家的门槛也被他踩踏得油亮油亮。

在青春最美的年华，与心仪的人邂逅在暮春之野，然后携手共赴一段红尘的浪漫，曾是无数少男少女梦寐以求的愿望。在徐志摩浪漫的春风吹拂下，林徽因这朵清丽的出水莲花，终于微微地绽放了，她漂浮在青春的水面，摇曳着醉人的容颜。而他则成了那些日子里，被诗意浸染的晨露，在她清圆的翠盖上盈盈流转。

异国他乡的那些日子，两个情窦初开的人走在了一起，他们漫步在伦敦的迷蒙之中。徐志摩起先还不敢表露心意，只是以大哥哥的身份关心她、照顾她，满足她渴望有人陪的愿望。但他这些不经意的举动，林徽因却一一察觉到了。可以说，徐志摩恰到好处地出现，触动了她少女的心弦，为她留下了一生之中最为美好的记忆和诗篇。自此，那段雨雾氤氲的英伦时光，处处都是诗意和浪漫。

林长民为政府的事，需要四处联络和演说，他永远都是那么忙碌。而陪伴、照看林徽因，便成了邻家大哥哥徐志摩最开心的事。他很感激上天如此眷顾自己，让他有机会和喜欢的女孩在一起，为她讲故乡的逸事，描述雨后的彩虹和用胭脂染制的诗笺。来来往往的碰撞中，两颗孤寂的灵魂慢慢靠得越发近了。两人原本就有着许多共同的话题，再加上又是同乡，更有了他乡遇故知的欣喜。

于是，林徽因内心的孤单和寂寞渐渐消失了。两人一起在河边回忆家乡的故事，一起在校园讨论欧洲的文艺和哲学，一起打闹嬉戏。一边是徐志摩的娓娓倾诉，宛如一股甘醇的清泉，汩汩地流进了林徽因干渴的心田；一边是林徽因的默默仰望，被徐志摩滔滔不绝的演说和诙谐的语调所吸引。她所有的感情体验，慌乱、眩晕、喜悦、羞涩，都被他不时地带动着。好友费慰梅曾这样评说林徽因："她是被徐志摩的性格、他的追求和他对她的热烈感情所迷住了……对他打开她的眼界和唤起她新的向往充满感激。"尽管彼时，她还分不清自己对徐志摩的感情里，到底有多少是纯粹的友谊，又有多少是异性之间的倾慕和爱恋，但她确是实实在在地被他吸引住了。他一个温暖的眼神、一句浪漫的话语，都能让她的心荡起无数的涟漪。

始终有着浪漫主义激情的徐志摩，被林徽因的与众不同折服，她的理解和悟性，让人感到思维活跃、见识广阔，一颦一笑中除了隐藏着聪慧和敏锐以外，竟然还有着追求独立和坚持己见的内在个性。在她这个年龄，无疑是难得的，也完全出乎了他的意料。“可爱的梨涡，解释了处女的梦境的欢喜，像一颗露珠，颤动的，在荷盘中闪烁着晨曦！”

徐志摩想恋爱了。

他有千万个理由来喜欢她，可是却有一条理由不能再爱她，那就是他已经有了自己的妻子，甚至还有了一个孩子。

但他置各种舆论于不顾，我行我素地开始恋爱了。

爱她说话时如水的眼眸，爱她清丽如莲的笑靥，爱她走路时的摇摆身姿，爱她回眸时的淡淡风采，林徽因所有的一切是那么地吸引他，让他困惑得不知该如何是好，也没有心思研习学业。在徐志摩的梦中，林徽因带着那唯美的诗意，占据了全部时空，成了他心中的女神。他在短诗《你去》中，忍不住内心的激越，欣喜地称她是“永远照彻我的心底”的“那颗不夜的明珠”。

春水迢迢，山河滔滔，他对她的情感，变得一发不可收拾。那段日子，他感到生命似乎受到“伟大力量的震撼”，生活被“照着了一种奇异的月色”。他总是隔三岔五地去看望林徽因，而且每次都给她带来新鲜而有趣的话题。

彼此心心相印，培养起来的是谁也不说出口的关系。那段时间，林长民经常因公事无法回家，徐志摩便有了机会逃课带林徽因出去游玩。他们乘公共汽车从市区出发，穿过覆盖着栗树浓荫的沙士顿小镇，穿过有着灰色墙皮的农舍，沿着满是艳红的罂粟和成群结队黛色牯牛的小路，去领略英格兰的田园风景。伦敦的街市、郊外的田野、康桥的校园，都留下了他们快乐的身影。

那是一段最开心的日子，如梦如诗。他们一起手挽着手，沿着蜿蜒的小河一路向前，在树荫下吃茶；他们倚着康桥的石栏，看一回宁静的桥影，数一数螺钿的波纹，然后织一段彩虹似的梦；也曾撑一竿竹篙，只轻轻地，不经心地往波心里一点，便将小船撑向他们那一潭青翠的梦中。他们以为两人的梦，从此就可以长驻在康桥，没有世俗纷扰，亦无离别相染。

康桥是一座神奇的桥，曾让每一个接近它的人，心都变得清澈而柔软，林徽因和徐志摩亦不例外。在此时和此后漫长的岁月里，他们创作了一首又一首多情而浪漫的诗篇。多年以后，徐志摩仍满怀深情地说："我的眼是康桥教我睁的，我的求知欲是康桥给我拨动的，我的自我意识是康桥给我胚胎的。"但康桥留给世人最深的印象，依然是他们这场倾城的绝恋。若没有徐志摩与林徽因的这场浪漫，康河（今译为剑河）不过是康桥大学校园内，一条普通的河流而已。两个被爱情点燃的人，互为彼此的梦，亦互为彼此的诗，他们灵感乍现，尽情地抒写着生命的诗意与春天。

伦敦街头的灯光向晚，康桥校园的夜色柔曼，他们那份相携的浪漫，如夜色一般在异域的天空里流转，但转瞬之间又化作了指间的流沙，挽不住年华，只留下一夕的温暖。

一些往事，注定会淡忘；一些遇见，注定会牵挂。人生长路上的聚散，永远都是生命中最有故事的风景。

潇洒转身

说不完的是话题，联系起来的却是情感。

也正是在这样的情绪下，林徽因与徐志摩从拜伦、哈代说到了雪莱、华兹华斯……最妙的是，无论什么样的话题，对方都可以接得上，而且还富有艺术情趣。出于对文学艺术的深情热爱，彼此都对对方着迷不已。

在林徽因的眼中，这位言语别致的诗人，眼眸中始终有着一股子灵气，那是一汪看不透的水，可以在缓然的流淌中叫人迷了心智。

而在才子诗人徐志摩眼里，林徽因似一朵出水的白莲，不仅仅让人心跳，更有着一种无法抵挡的芬芳，那气息刚开始时还是若即若离，后来就成了甜蜜的环绕。放眼过去，碧波的荡漾中，那莲花正含苞待放，在风中闪烁着淡淡的忧郁。和她的交流并无一丝的沉闷，反而更多的是灵感刺激下的挑战。他们分明就是大地和水，就是河流和岸边的杨柳，就是天空和白云。他只觉着林徽因是一块亟待雕琢的璞玉，只有通过思想的试探与碰撞，才能感受到她的不凡。

一个是含蓄的诗，一个是深不见底的水，两个本没有任何交集的人，开始用心感受着这个美好的世界。有时候，两个人也会为某个问题争得面红耳赤，但事后都会用不同的方式安慰对方，这样的安慰如同酒，很快就让徐志摩在“颠倒至极”中醉倒了。

“你不会就是我的灵魂吧？”有天，他傻傻地问林徽因。

林徽因只是笑笑，却不知道该如何作答才好。她的笑像三月天的花朵，带着诱人的味道；又像是吹拂而过的风，带着一种看不见却又可以感受到的温情。这笑让他变得迷惑不解，却更加疯狂地喜欢起这样的接触。

当年，徐志摩没有达成跟随罗素学习的愿望，结果在伦敦政治经济学院混了半年。面对着水波清漾的康桥，他那颗孤独忧郁的心不知道该如何安放；望着眼前一片片无情飘落的树叶，只感觉自己的时运是如此不济。后来，徐志摩在狄更生的帮助和推荐下最终进入了康桥大学。现在，他又带着林徽因来到了康桥之上。水还是那水，风还是那风，只是因为身旁多了一个人，心情也变得大为不同起来。能和这样的才女在一起谈古论今，又何来的黯然神伤呢？

天色已经很暗了，校园中非常安静。

远处飘摇着几点闪闪烁烁的灯光。

徐志摩很想把自己打算离婚的事情告诉林徽因，可是话到了嘴边却又咽了下去。他顺手把一件衣服轻轻地披在她的肩上，这个不经意的动作，却让他真切地感受到了对方身上的温热。那一瞬间的暖意是美妙的，甚至让他在心中萌生出一首诗来。

这个细微的动作也足以让林徽因感动，她对儿女情长的事情已经知晓许多。若不是当初对徐志摩有着“诗意的信仰”，又怎么会一次次地陪着他聊天说笑呢？趁着这个机会，她把身体朝着徐志摩倾斜了一些，或许是无意，或许是试探，又或许是真心，就那么轻轻地依靠在他坚实有力的身体上。一方面，她知道自己不会轻率地接受这份感情；另一方面，她又无法控制自己的心。

对于每一个心怀爱恋的人来说，又有谁能抵挡这样的诱惑呢？

怀抱着心上人，徐志摩才总算踏实了一些，这样的感觉是真实的，只有紧紧地握着，时光才不会从指缝中悄无声息地溜走。

“有时候想，这短短的一生。我们最终都会失去，你不妨大胆一些，爱一个人，攀一座山，追一个梦。我还是给你写一首诗吧？”

“嗯。”她娇羞地应道。

草上的露珠儿
颗颗是透明的水晶球，
新归来的燕儿
在旧巢里呢喃个不休；
诗人哟！可不是春至人间，

还不开放你
创造的喷泉，
嗤嗤！吐不尽南山北山的璠瑜，
洒不完东海西海的琼珠，
融和琴瑟箫笙的音韵，
饮餐星辰日月的光明！

听到这样唯美的诗，林徽因的心神不禁荡漾起来，像是被春风拂过一样，她深情地望着那玳瑁眼镜后面的神情。徐志摩更是来了精神，把倚靠在怀中的林徽因又抱紧了一些，然后又吟诵道：

诗人哟！可不是春在人间，
还不开放你
创造的喷泉！
这一声霹雳
震破了漫天的云雾，
显焕的旭日
又升临在黄金的宝座；
柔软的南风
吹皱了大海慷慨的面容；
洁白的海鸥

上穿云下没波自在优游。
诗人哟！可不是趁航的时候，
还不准备你
歌吟的渔舟！

林徽因完全将自己的情绪置于诗的氛围之中。两个多情的人完全沉醉其中，将情绪的火熊熊燃烧，也不知道是因为康桥给予了这样的激情，还是因为两个人的出现，使得这样的情绪变得诗意起来。远处的钟声响了起来，又一个美好的日子结束了。

送走了林徽因，徐志摩发现自己已经爱上了这个小姑娘，而且这爱来得太快，他只感觉自己在不断地陷入其中，且没有任何抵抗的能力。

林长民忙着自己的事情，最近一直不在家，林徽因只能一个人孤单着。当她回到家里躺在床上时，内心却还没有从刚才的喜悦中挣脱出来，那一幕幕的场景真实地在眼前浮现着，让她一次又一次陶醉在温暖的怀抱和浪漫的诗意中。在这样的夜晚，她忐忑不安地想着那个儒雅的诗人，想自己是不是开始恋爱了，这爱为何来得如此突然。她知道对方已为人夫，已为人父，但情绪的汹涌却容不得她去抵抗。

两个人都在内心深处挣扎着。

可到了约会的时间，彼此又禁不住不约而同地心动起来。到了后来，两个人也顾不得那么多了，只尽情地找各种机会见面，珍惜着当下的时光。

“你简直就是我的女神，你为什么来得这么晚？原本父亲让我出国留学，是想让我将来进入金融界工作。可是徽因，每每和你在一起时，我的脑海中全是诗句，我决定要为你做个诗人，一生一世都为你写诗。”徐志摩的感情是直接的，他的话中藏着约定，一生一世的约定。

“你的每一首诗都很美，美得像这康桥的柔波。”林徽因并不直接回答他的问题，而是含蓄地表达着自己的感觉。

有时候，林徽因说到动情处也会流下泪水来，那淡淡的泪水让多情的徐志摩慌张得不知如何是好。他实在不明白刚才还喜笑颜开的她，为什么突然就泪水涟涟，要他想尽所有办法来逗她笑。如果说她的笑是雨后的太阳，那她的哭则是夜晚的月光，虽然会有云雾遮掩，但很快就会变得真挚、热烈起来。一个人的时候，徐志摩甚至开始怀疑这样的生活是不是真实的，让他为了一个喜欢的人放弃所有。他只觉得自己无法自拔，仿佛要从悬崖上掉下去，却没有任何人来帮助他。正如他在诗里写的：“在半空里娟娟的飞舞，认明了那清幽的住处，等着她来花园里探望，飞扬，飞扬，飞扬，啊！她身上有朱砂梅的清香。”

但是，对于徐志摩来说，一面是康桥的美好，另一面却是家庭的烦琐。

林徽因无疑是有才情的女子，而徐志摩对于才情又是如此看重。

他当年用才情换来了婚姻。因为一张国文考卷，徐志摩被当时名流张嘉璈一眼相中，大喜之下竟然找到徐志摩的父亲提亲，想将自己的妹妹张幼仪嫁予徐志摩。面对这突然而至的喜讯，徐申如这个老江湖也有些不知所措。在朋友的建议下，考虑到彼此门当户对，又是郎才女貌，徐申如最后应下了这门亲事。于是，十八岁的徐志摩在父亲的操办下，很快就结婚了。

婚后不久，二人就有了孩子。长子出生后，徐志摩前往美国留学。两年后，徐志摩将张幼仪接到身边，但此时的他已深陷于对林徽因的痴迷中而无法自拔。

在徐志摩看来，人生也不过就是这样，喜欢自己喜欢的，何必在乎那些烦琐的伦理道德呢？他也是个敢想敢做的人，不待想周全就已经着手办理离婚事宜。

“幼仪，我们离婚吧。”一顿愉快的晚饭后，他突然将思索了许多天的话说出了口，那一刻有着难堪，但更多的却是轻松。他知道，只要眼前这个女人点头同意，他就会有另一种幸福的生活。即便是她不同意离婚，自己也已经铁了心要去追求新的生活。

“什么？离婚？”张幼仪没有表现出他想象中的紧张，只是紧紧地抱着儿子阿欢，用眼睛死死地盯着他看。她不知道自己的丈夫怎么会突然冒出这样一句话来。

“我有喜欢的人了，你和我在一起并不快乐，我们离婚吧。”

接下来是长久的沉默。

康桥已经成为徐志摩和林徽因约会的主要地点。在那里，一泓碧波、一株绿丝，都有特别的意义，甚至是只要来到这个地方，心中就会滋生出欣喜来。

“真想长此以往地待在这里，你呢？”

林徽因只是笑而不语，那浅浅的酒窝像是一圈圈荡漾开的涟漪，仿佛要把人卷入其中。她伸手轻轻地摘下一片树叶，放在鼻前闻了闻，然后又在指间绕着玩。徐志摩呆住了，眼前的景象完全把他征服了。

“有好多次来这里，你知道吗，我都特别羡慕当地的姑娘，她们是那么熟练地撑着船，从一座座拱形的桥洞中四处穿越，你可别笑话我，我也试过好几次，结果都险些掉到水里去。好丢人的。可生活不就是需要人们去挑战吗？有时候，爱情也是这样吧？”林徽因说。

“我也不清楚，不过人的性格终究会决定自己的命运和追求。就比如说我，喜欢一个人就特别用心。”说罢，徐志摩顺手将林徽因拉入怀中。瞬间，他们就感觉到了温度在升高，连呼吸也变得急促起来。

“徽因，因为有你，这康桥变得更美了。有时候，我看你流泪都觉得那是康桥的水波，每捧起一掬来就会有你说不出来的美好。你给予我的感受实在太好了，我都快崩溃了，我知道你会理解我的。如果有一天，我获得了你的爱，那我飘零的生命就有了归宿，只有爱才能让我匆匆行进的脚步停下，就让我在你的身边停留一小会吧，你知道忧伤正像锯子锯着我的灵魂。”说到这里，他竟然不由自主地吻了一下她的额头。那缥缈的眼神不再四处飘散，更多的是内心的激动，旋而又成了安稳。

“诗人哟！可不是趁航的时候，还不准备你，歌吟的渔舟。”林徽因也不知道该说些什么，只好用此前的诗来掩饰自己的慌张。

“为了你，我决定离婚。我不能没有你。为了你，我想我以后要做诗人了。”说到动情处，徐志摩一口气把所有情况都说了出来。

林徽因猛地把他推了开来，却是一句话也没有说。

这些日子以来，是他用浪漫消除了自己生命中的所有乏味，让自己的内心不再焦躁，从而在岁月中找到了属于自己的优雅。林徽因一直将自己视为康桥上的绿柳，始终保持着淡定从容，也向往着与喜欢的人一起谈情说爱、谈天说地。很多时候，她也视徐志摩为心中的白马王子，庆幸自己在最美的年纪邂逅了最美的时光，可是现在他说自己要“离婚”，这个词如同一把锤子重重地敲了过来，所有美和愉悦都四散开来，对面那个浪漫的灵魂也全然不在了。

火热的恋情既让人激动，也让人困惑。可她知道，也许这段销魂蚀骨的爱要结束了。

接连几天，林徽因都刻意不与徐志摩联系，但越是这样，这个男人越是像无头的苍蝇，他不明白为何这段幸福的日子，会突然变成眼下这般光景。

喜欢自然是用心喜欢，但林徽因怕的是诗人的危险。

为了自己，他情愿离婚，这对于一个女人来说无疑是幸福的，但对于真正的爱情来说，却又是如此轻率。

火热的感情到此戛然而止，康桥上再也见不到那对卿卿我我的身影，也无法听到诗人的激情吟咏。以至于好多年后，徐志摩在《偶然》一诗中写道："你我相逢在黑夜的海上，你有你的，我有我的，方向；你记得也好，最好你忘掉，在这交会时互放的光亮！"这位诗人甚至还没有来得及享受爱情的幸福，就遭遇了这样的拒绝。

> 我之甘冒世之不韪，竭全力以斗者，非特求免凶惨之苦痛，实求良心之安顿，求人格之确立，求灵魂之救度耳。人谁不求庸德？人谁不安现成？人谁不怕艰险？然且有突围而出者，夫岂得已而然哉？我将于茫茫人海中访我唯一灵魂之伴侣。得之，我幸；不得，我命。如此而已。

当这位"长袍白面、郊寒岛瘦"的诗人怀着忧伤的情绪写下这封信时，不知道作为师长的梁启超又该如何看待他这位才华出众的学生。其实徐志摩也不全是顺应着自己内心在做事情，也并非只顾及自己的私心而不在乎对方的痛苦。只是世事难料，尤其是他一颗赤诚的心，在这唯美而又不切实际的爱情里遭到了拒绝。现在回过头来想想，真爱到底又是什么？随心而起的是激情，只是"康桥如故，云如故，唯爱已非故”。

对于徐志摩来说，他付出了真情，付出了精力，却没有博得心上人的爱，他的爱一下子就低微到了尘埃里。而林徽因的想法是不同的，她无法说服自己，即使她对徐志摩有好感，即使他情愿为此放弃自己并不完美的婚姻，即使自己是一个出海留洋的新女性，但骨子里潜藏的依然是不可动摇的传统观念。

可能也是基于这样的初衷，她才在喜欢的人面前痛下决心，毅然将已经汹涌的爱抑制住。回国那天，林徽因一个人在床前坐了许久，看着外面的繁花似锦写下了《情愿》。

我情愿化成一片落叶，
让风吹雨打到处飘零；
或流云一朵，在澄蓝天，
和大地再没有些牵连。

但抱紧那伤心的标志，
去触遇没着落的怅惘；
在黄昏，夜半，蹑着脚走，
全是空虚，再莫有温柔；

忘掉曾有这世界；有你；

哀悼谁又曾有过爱恋；
落花似的落尽，忘了去
这些个泪点里的情绪。

到那天一切都不存留，
比一闪光，一息风更少
痕迹，你也要忘掉了我
曾经在这世界里活过。

这样的坚决是林徽因自己没有想到的，就和之前突如其来的爱情一样。很多时候，她都不知道该如何去把控自己的心，就像是一片飘浮的叶子，任由着风吹雨打。面对徐志摩的爱，她何尝不愿意去接受呢？只是这爱不是缓缓流淌的溪流，而是凶禽猛兽，一下子就吓坏了心怀新奇的林徽因，这个十六岁的少女，哪里又曾见过这样“恐怖”的世面？而张幼仪的遭遇又让她不断自责。

她突然变得无法开心，因为她从来没有想过眼前这个男人会舍弃自己的妻子。今天是张幼仪，明天可能就会是人老珠黄的自己了。这样的感情到底算什么呢？火焰一样燃烧着的激情，真挚而又热烈，以诗人的气质在奔放着。本来是欣赏中带着甜蜜的爱意，现在却成了一种无法摆脱的负担。难道男女在一起的感觉只能是这样，燃烧自己，再燃烧别人？

十分困惑的林徽因根本无法从中理出头绪来，这也让他们在最为亲密的接触之后，生出隔阂来。爱情对她来说，是美好的向往，也是苦苦的追求。可是经历了现在这一切的浮华之后，她想到的是自己的母亲，那位成天抑郁的可怜女人。本以为会过上幸福的生活，结果却成了大家眼中的累赘。只有她能理解母亲，知道母亲难得的笑容背后，是如何的心酸与不如人意。

或许正是自己内心的理智起了作用，又或许是自己胆怯于这样的感情，总之，这样的爱情虽然让人陶醉，但也让人害怕，她心里想要的只是安稳。

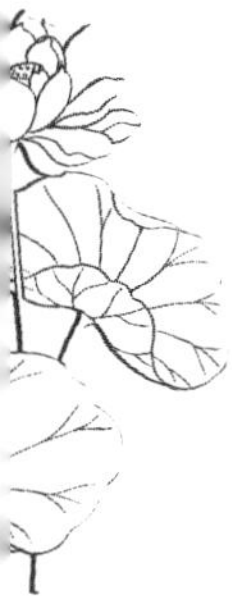

第三章

寻找对的人

就是成长

真正要别离时，才知道内心是痛苦的，然而这种痛苦却又无人可倾诉，就像那个曾经快让自己燃烧的诗人，此时只能在文字中怀念。在沙滩上感受着海风的吹拂，林徽因突然有些彷徨，她的心情就像这潮起潮落的海浪，不时地涌过来，又很快地退去。她呆呆地站在那里，看着细小的沙砾一次次地被冲刷着，那些小得不起眼的螃蟹，匆匆地从沙中爬了出来，还不及转身就让浪花卷去。

大海仿佛知晓她的心事，淡然而又充满想象，却没有任何的挣扎和惦念。

此时，徐志摩正为这段感情苦恼着，而张幼仪却又不合时宜地怀孕了。张幼仪此前曾见过林徽因一面，两个女人在火车站相见的那一瞬间，张幼仪就对她有了“思想复杂，长相漂亮，双脚完全自由”这样的感觉。而林徽因也读到了张幼仪忧郁眼神中的“哀怨、绝望、祈求和嫉意”。彼此的心都有所触动，只是都没有表现出来，站在一旁的徐志摩是尴尬的。

那个时候，爱情对于林徽因来说，仍然是甜蜜胜过种种苦恼。现在她见到了张幼仪，却是有些矛盾了。原本只是一场礼节性的送别，转眼间就变了味道。

徐志摩本来是要陪妻子去德国看望她的哥哥，没想到林长民执意要带着林徽因来相送。说到彼此的关系，张幼仪没有任何纠缠，她早早就知道，在林徽因面前，自己所有的美好都不复存在，即便是婚姻的约束也无法起作用。面对徐志摩全身心投入的自由恋爱，面对他执意要自己签署的离婚协议，她只能用拖延策略来应付，直至徐志摩收到了那封分手信：

> 我忘不了，也受不了那双眼睛。上次您和幼仪去德国，我、爸爸、西滢兄在送别你们时，火车启动的那一瞬间，您和幼仪把头伸出窗外，在您的面孔旁边，她张着一双哀怨、绝望、祈求和嫉意的眼睛定定地望着我。我颤抖了。那目光直透我心灵的底蕴，那里藏着我知晓的秘密，她全看见了。

这样的信对徐志摩来说无疑是当头一棒，令他有些坐卧不安，原本身上的儒雅气质也不见了踪影。他不断地威逼着张幼仪离婚，根本不在乎她有没有身孕。面对无休止的逼迫，张幼仪最终选择了协议离婚。

1921年10月14日，因为国内工作的需要，林长民在伦敦待了一年之后，决定启程返回国。

林徽因思虑再三后，仍是没有告诉徐志摩自己要走的消息。作为一个女孩子，她很清楚自己追寻的是什么，她在乎的是真实而又持久的存在，并非虚幻的诗意。于是，这场绕了大半个地球的邂逅，最终只能以沉默来收场。

邮轮沿着苏伊士运河需先经过印度洋，然后才能到达上海。这一路上，林徽因已经没有了对于未知的探索欲，所有的一切事物都是熟悉的，仿佛自己从来不曾离开过中国，这些只是一场美妙的梦而已。只此一别，与康桥有关的人和事都被远远地留在了身后。波浪不停地涌动着，“我降下了帆，拒绝大海的诱惑，逃避那波涛的拍打”。

当徐志摩带着张幼仪签了字的离婚协议从德国回到伦敦，看到空荡荡的林家居所时，所有的喜悦都没有了，心像是丢掉了一样。他先是心平气和地问房东，随后便四处寻找，最后，当他筋疲力尽地来到康桥时，所有美好的梦想都破灭了，他眼前交织的只剩无休止的思念与失望。

而等待却似漫长的行程，一天又一天，却永远也看不到路的尽头。

现实如此残酷，让他根本不知道如何面对。一个浪漫的开始却造就这样的结果，不禁让他难以理解。

人海茫茫，谁才是最好的陪伴？岁月漫漫，谁又能携手共度余生？

爱情这件事，让徐志摩尝到了痛苦的滋味。他只有不断地用诗来寄托思念，用文字来浇灭情感的火焰。

回到北京以后，林徽因又重新回到培华女中上学。这段时间，她在一个人的清欢中又重新思考了以后的人生。她曾说：“凡是在横溢奔放的情感中时，我便觉到抓住一种生活的意义，即使这横溢奔放的情感所发生的行为上的纠纷是快乐与苦辣对渗的性质，我也不难过不在乎。”痛苦过后，林徽因又再次变得真诚直率起来。

很快，她就接受了家庭的安排，又开始与梁思成交往起来。

一年不见，彼此都有了许多变化。无论是样貌还是心态，甚至是对于同一个问题的看法。起初，两个人还有些害羞，但随着来往次数的增多，话题也就逐渐变得多了起来。

这个时候，梁思成也多多少少知道了林徽因与徐志摩的故事，但是他并没有计较，反而是更加呵护她，不时地约她出来散心，谈些有趣的事情。林徽因也依然能够静守优雅，对梁思成坦诚相见，她的直率完全超过了天生丽质，而且具有一种美的神韵。时光过得很快，所有的接触都像是月光与水的相逢。

时间到了1922年8月，徐志摩好不容易离婚后却又失去了林徽因。他真的有些累了，于是又怀揣着那份情思做出了回国的决定。

在上船的那一刻，他的心又似乎活了过来，满怀着不放弃的希望，决定义无反顾地去追求自己的爱情。在船上，他写下了《月夜听琴》《青年杂咏》《清风吹断春朝梦》等思考爱情与人生的诗篇。徐志摩是自信的，他要把这些诗当面读给林徽因听，让她回心转意。因为他始终相信那种情投意合的感觉，他不想让那兴奋与喜悦就此化为泡影。

太多不能，不如愿，想离开，离开这个让我疼痛的你。转而，移情别恋，却太难，只顾心疼，我忘记了离开，一次又一次，已经习惯，习惯有你，习惯心疼你的一切。

这位诗人的语言是火，内心是焰，在积蓄了近一年的思考之后，他还是无法忘却，所以他要不顾一切地去追寻。林长民在得知徐志摩归国后，内心既有些感动于他的执着，又带着些许后悔，更在其间数次通过书信来规劝这位好友。

志摩足下：

长函敬悉，足下用情之烈，令人感悚，徽亦惶恐不知何以为答，并无丝毫mockery（嘲笑），想足下悮（误）解耳。星期日（十二月三日）午饭，盼君来谈，并约博生夫妇。友谊长葆，此意幸亮察。敬颂文安。

弟长民顿首，十二月一日。徽音附候。

> 得昨夕手书，循诵再三，感佩无已。感公精诚，佩公莹洁也。明日午餐，所约戚好，皆是可人，咸迟佳宾，一沾文采，务乞惠临。虽云小聚，从此友谊当益加厚，亦人生一大福分，尚希珍重察之。敬复志摩足下。
>
> 长民顿首，十二月二日。

言之切切，情之深深，写下这些文字的时候，林长民完全是设身处地来理解徐志摩的，但是个中滋味只有徐志摩自己知道。

又有海风吹来，身上的燥热没有了。徐志摩一个人站在船舷边望着远处。前景是渺茫的，没有了之前的温柔多情，以至于他的犹豫让这天也变得风云不定。船上的人都惊慌失措，独他却站着不动，任凭海浪不断地打湿衣服。

或许只有经历过，才会懂得；只有尝试过，才会明白。只不过命运此时对徐志摩是残酷的，使他无奈得几乎就像是一潭绝望的死水，再也找不到任何可以发挥才情的地方。而他也觉得自己就像是沙漠里的绿草，在渴望着甘霖的滋润；又像是即将枯死的树木，在风干前期待着有生命的迹象。

徐志摩回国之后，发现林徽因已经恋爱了，他抱着厚厚一沓诗稿，突然不知该何去何从。连他一向引以为豪的才情，似乎也逃遁得不知所踪。他一心只顾着追求心仪的人，却没察觉，自己的才情全是因林徽因激发出来的。这个时候除了后悔之外，他又觉得有些对不起张幼仪。当时，自己一味地追寻真爱，脑子里想的全是如何摆脱旧婚姻，以至于顾不得夫妻情分，说出了许多不堪入耳的话来。

“快些去打掉那胎儿吧，我们在一起本来就是痛苦，何必再添一个痛苦呢？”他说这些话时没有一丝怜悯，就像在对一个陌生人说话。

“不可以的，这是我们的孩子。”她几乎是苦苦哀求。

“我们，我们早已经没有了。你是你，我是我。”现在想起来，他也不知道自己为何会那么绝情。

“我听说有人因为打胎死了。”

“还有人因为坐火车死掉的呢，你看到人家不坐火车了吗？”依然是一副冷冰冰的模样。

徐志摩丧心病狂地做着这些事情时，原以为自己的热情会换来大大的拥抱，然而他并不理解林徽因的内心世界。虽然诗意可以带给自己美好的回忆，但这样的火热却总让人感觉少了一份踏实。

多年后，林徽因说起徐志摩，脸上仍有着一丝不易察觉的神情。“我懂得，但我怎能应和……”

时至今日，在剑桥大学的国王学院，在剑桥旁边有一块白色的大理石纪念碑，许多柳枝从近旁的柳树上垂下来，轻轻地拂着冰凉的碑石，透过斑驳的树影，可以看见上面端端正正地刻着：

轻轻的我走了，

正如我轻轻的来；

……

我挥一挥衣袖，

不带走一片云彩。

各自真爱

为了选择时尚的自由恋爱，徐志摩始终想摆脱世俗中的束缚和缠绕，他实在太渴望从这样的痛苦中走出，然而面对当时那个繁华而又落寞的社会，他的才气和诗情却都已不复存在。正如他的朋友，北大校长胡适对其评价说：“他的人生观真是一种单纯的信仰，这其中只有三个词，一个是爱，一个是自由，一个是美。他梦想这三个理想的条件能汇合在一个人的生命中，这是他的单纯信仰。”于是，林徽因在这个时候成了他的信仰，而人一旦有了信仰，就会忘我地投入。所以，这样的执着让徐志摩忘记了自己已婚的特殊身份，全身心地恋爱起来。

而林徽因却知道：“徐志摩当初爱的并不是真正的我，而是他用诗人的浪漫情绪想象出来的林徽因，而事实上我并不是那样的人。”

于是，她选择了活在当下，让生命在从容中翩翩起舞。

梁启超听说林长民回到了北京，便主动邀约了一帮好友为其接风，大家借酒细述往日之情，然后自然而然地说到了此前的“娃娃亲”。林长民一直认为这样的亲事不错，便催促着两个孩子抓紧来往，一来可以加深感情，二来又可以回绝徐志摩的情感追求。梁思成之后便隔三岔五地跑到景山西街的雪池胡同林宅约林徽因。就连林徽因那个喜欢怨天尤人的母亲也是看在眼里，热在心上，只要这个谦和有礼的孩子一来家里，她总会高兴地准备许多好吃的。

母亲难得开心，林徽因自然也开心，这位留过洋的新女性决意去“更阔大的湖海投射影子”。同时，她让自己尽快地沉浸到与梁思成的交往中，因为这样的快乐不带有任何压力。

那时，梁思成常常约林徽因去北海公园，在那里同她谈论与清华有关的事，每次都有不同的内容，尤其是那些民主与科学的话题，听起来永远那么吸引人。当然，最令林徽因惊叹的还是他的才华，不但懂音乐，会美术，甚至在体育方面也是十分出色。他博学多识、满腹珠玑，无论说什么都头头是道。之前，林徽因只以为徐志摩是这个世界上最有趣的人，他的才情、他的风华、他的诗意，都吸引着她，以至于在自己靠近他时，那颗忐忑不安的心才会渐然平息下来。但梁思成的再次出现，让她改变了这样的看法。如果说徐志摩让林徽因痴迷的是一种诱惑和迷乱，那梁思成则是让林徽因在对未知的渴求和喜悦中默契地感受着对方的一举一动。

北海公园有个松坡图书馆，四周绿树环绕。因为环境优美，常常会有时尚的年轻人来这里读书谈情，享受美好的青春时光。作为馆长的梁启超也邀请了梁思成和林徽因来这里，二人毫不意外地一下就喜欢上了这里独特的环境。为此，梁馆长又别出心裁地创造出一个私密的空间，让他们二人既可以感受阳光的照晒，又可以欣赏到碧波荡漾的湖水。

梁思成无微不至地照顾着林徽因，带她参加学校的活动，约她一起去图书馆，去看古建筑，帮助她从痛苦的深渊中逐渐走出来。他明白，只有挥别了过去，才能更好地迎接未来。但意外总是不期而至。

这天，正值北京的春日，花开灿然，徐志摩突然出现在了松坡图书馆。这完全是林徽因没有想到的事情，她只觉得曾经的一切都在淡去，在经历过诸多的痛苦之后，她已不再向往和缅怀伦敦的往事，可是他的出现，却又一次将那段经历摆在了眼前。透过窗户看去，他两眼无神，无精打采地做着事情，完全没有了在康桥时的精神状态。看到他出现在这样的场合，林徽因除了惊诧之外，更不解的是他少却了许多神采飞扬，与从前的那个诗人相比简直判若两人。为了证实自己的想法，她还专程去问了服务人员。

“请问，刚才那位先生是这里的服务人员吗？”

“对啊，是我们刚招聘来的英文秘书。”

“……”

“你怎么了，徽因？身体不舒服吗？”梁思成见她脸上起了变化，便关切地问道。

“徽因？”见她没有反应，梁思成又再次轻声唤道。

“嗯，怎么了？”林徽因这才回过神来，表情有些局促不安。

“你看的那个人是谁啊？”

“不认识。”

随后就是长久的沉默。

徐志摩没有看到林徽因，只是听说她经常来这里看书，便托人来到松坡图书馆外文部当了英文秘书，工作之余还可以写写诗文。自从林徽因离开伦敦之后，他的心就因为这些碎片式的消息不断起伏着。虽然听说她和梁思成来往得很密切，但他还是暗自窃喜他们还没有缔结婚姻。

不明就里的梁思成并不知道徐志摩已经回国，还是常约林徽因来图书馆。而林徽因也不好说破什么，只是心想着彼此再不会碰面，便硬着头皮去了几次。一段时间以后，她渐渐对徐志摩的出现不再那么提心吊胆，甚至怀疑是自己之前眼花认错了人。

痴情的徐志摩依然在偌大的北京打听着林徽因的下落。甚至有好几次他已经跑到了林宅门前，只是没有贸然进去，他不想让自己表现得太失落，只想单独见见这个“负心”的人，哪怕只是听她说上一句话。那些时日里，他就像是一只受伤的小鸟，根本不知道自己要去哪里，只是不停地寻找着心中的理想。每当夜深人静之际，他的思绪更是如同决堤的流水，任那忧郁悲伤四处弥散。

顾城曾有一首写给心上人的诗：“在粗糙的石壁上，画上一丛丛火焰。让未来能够想起，曾有那样一个冬天。”同样是表达感情，徐志摩却是在用自己的记忆碎片不断地拼接着林徽因，用心想象着她的聪慧、娴静、知书达理。这是任何一个人都很难解开的结，自然也是一个本真的诗人无法逃避的悲剧。徐志摩只要一闭上眼睛，就可以看见她走路、说笑，甚至佯怒的模样。在梦里，她的身影总有些模糊，甚至连面容都看不清楚。这样的情况下，只有想象力在不断地生长着。

风不断地吹着，天已经有些冷了。

人们依然忙碌着，穿梭于四处残破的城墙间。城墙已经破败不堪，墙上的草棵在瑟瑟发抖，给人的感觉是如此弱不禁风，远处还有几只羊在低头寻找着食物。

徐志摩不说话，只是用心思索着康桥的美好。今日无事，他也不知道怎么就转到了这荒凉之地。远处的羊动了动身体，抬头看了看这边，然后又若无其事地寻找起食物来。时光是静默的，只有昏黄泛白的阳光漫不经心地悬在空中。

“我梦见你……呵，你那憔悴的神情！”他一个人在旷野中大声地诵读着自己的诗，让这些带着感情的字句飘散在天际中。但在他的声音之外，就只有时而旋起的鸽哨划过。

当他得知林徽因要去北海公园的松坡图书馆时，激动得久久难以入睡。他把所有写给她的诗稿理了一遍又一遍，又带着感情一一地诵读，然后才满意地进入梦乡。但似乎还没怎么睡，天就亮了，他又神清气爽地起床收拾自己，每一个细微处都不肯放过。这个时候的他是喜悦的，根本看不出以往心中的痛苦。

近来，林徽因的心扉正逐渐向梁思成打开，虽说她已得知徐志摩回到了北京，心中也为此纠结了一番，但她还是将那段美好的情感放在了心底。

时光如水一样流淌着。

除了与梁思成约会之外，林徽因常常和家里的姐妹们一起上下学。归国以后，母亲的情绪也似乎好了许多，因此，大家相处得也算是其乐融融。说到梁思成，家人都对这个帅气的大男孩抱有好感，姐妹们也都流露出对林徽因的羡慕之情。但对于林徽因来说，先前的情感虽然处理得很决绝，可心里还是会不时地浮现出以前的情景。所以在与梁思成交往时，她已经在无意中为自己设立了一层看不见的障碍。梁思成是清楚她的心思的，得益于父亲的帮助，他得到了一把图书馆的钥匙，所以在闭馆日他也可以带林徽因在那里看书。

说是看书，其实更多的时候是在聊天。这两个人在一起，仿佛有着永远说不完的话题。这样的近距离接触，多多少少也让林徽因察觉到自己的情感变化，她发现自己很难拒绝这样的柔情与关怀。

这天，二人又来到松坡图书馆，刚要关上门的时候，徐志摩突然出现了，寒风吹着他单薄的身体。那一刻，林徽因的眼泪险些涌出来，但她绝情地压抑着自己的感情，生怕任何的表露都会让他生出新的期望来。

“徽因，还好吗？”徐志摩没有理会一旁的梁思成，双眼只是直直地看着她。他的内心中埋藏着火山一样的力量，只求对方愿意点燃自己。

“你好，徐先生。”林徽因慌乱的应答暴露了内心的紧张，她只想早些结束这样的对视。曾经有千百次想象过重逢的地点和表情，只是现在都已经成了过去。之前，感情的产生只需要一个微笑或者偶然的相遇，可此时的现实却决定了彼此无法在一起。

“你怎么能不辞而别呢？你知道我找你找得有多苦吗？我说要为你做诗人，这是我每天为你写下的诗。”他把厚厚的诗稿递了过去。

林徽因却不敢接，如果是在从前，她早已是乐不可支地大声朗读起来了。

“谢谢你，只是我现在不喜欢读诗了。”她真的不知道自己该说些什么，或者，她该说些什么话才能让他安静地离开。

三个人站在门前，一个只顾着真情地表白，根本就不顾及对方的感受；一个面对表白，窘迫得不知如何是好，只希望对方尽快离开；一个默不作声地观望，用心揣测着对方的心理，观察着她的一举一动。三个人都没有这方面的处事经验，场面一度十分尴尬。

“你收下吧。”

林徽因急得只是摇手。

“徽因，可以来这边单独谈谈吗？”徐志摩眼神中流露出的是真情，在见到她的那一瞬间，他就感觉自己整个人都活了过来，说话时也有了底气。他不想错过这个机会，他想用自己的诗和语言打动她。

“不方便，我有朋友在这里。要不一起到图书馆里说话？”

梁思成见状立即接话说：“对，一起去图书馆吧，外面太冷，容易感冒。”说着他把门拉开，林徽因刚要走进去，徐志摩一把抓住了她。突然有了皮肤的接触，血液似乎也流得更快了一些，林徽因只觉得自己又要回到康桥的记忆之中了。她一边努力地将手往回抽，一边默默地告诫着自己。

“徽因，感觉你变了好多。”徐志摩完全沉浸在自己的情绪当中，说着，就要伸手去拂她的刘海。

“徐先生。”林徽因不断地往后缩着身体，可是他的大手是如此有力，她根本就无法挣脱。林徽因知道，再这样纠缠下去，自己好不容易建起的壁垒很快就会被攻破，自己又要重新陷入那注定要负伤的痛苦中。他的眼神还是火一般的炽热，根本容不得人多看，一不小心就会被他的热情灼伤。

“徐先生，你这样会让林小姐很尴尬的，快松手吧。”梁思成终于开了口，他的语气有些重，带着些许不容置疑的决绝。

徐志摩迟疑了片刻，最终松开了手。

“不好意思，徽因，见到你实在太激动了，相信你是懂我的。最近还好吗？感觉你瘦了些许。”徐志摩只顾着自己说话。

林徽因既尴尬又无可奈何。

“徽因，从现在起，爱、自由、美将会成为我终其一生的追求，但我以为，爱还是人生第一伟大的事业，生命中没有爱的自由，也就不会有其他的自由了……如果有一天，我获得了你的爱，那么我飘零的生命就有了归宿，只有爱才能让我匆忙行进的脚步停下来，让我在你的身边停留一会儿吧，你知道忧伤像锯子锯着我的灵魂……”这一股脑儿的表白来势汹汹，几乎要吓死林徽因，连梁思成也听不下去，大胆地拉起林徽因就要走。

“徽因。”那带着祈求的声音，让她突然觉得眼前这个男人变得很低很低，几乎要低到尘埃里去。站在两个男人面前，林徽因的心情是混乱的，她不知道如何表达，也不清楚如何才能与徐志摩进行正常的交流。

这场重逢最终不欢而散，而所有的往事也都成了云烟。

徐志摩独自走了。他决然不会将记忆当作人生的风景，只会想象成一抹诗意，甚至在心底投下了浓重的阴影。痛苦、思念、烦恼、不快都纠缠在了一起，他只能在深夜里用文字来安慰自己。

人生不如意十之八九，每个人注定会经历许多，既然无法逃避，那么何不勇敢面对？林徽因已在徐志摩松手的那一刻，决心要找一份真正属于自己的爱情了。

别离太匆匆

徐志摩和林徽因的恋情，就这样摆到了梁思成面前。

徐志摩走了，梁思成内心一阵一阵的痛楚却无法言说，林徽因更是崩溃了，她从来就没有想到过这样的场景，在朋友面前被毫无保留地揭露隐私。她不知道自己是如何回到家的，只记得到家后就躲到屋子里哭了整整一个下午，任凭是谁来敲门也不开，门外的说话声、敲门声交织在一起，让她心烦意乱，也让她无法理清自己乱麻一样的思绪。这段初次绽放的情缘，本是一场不错的生命体验，她从这样的珍贵和美好中感受到许多人生情怀。然而，结局却是如此不堪品味，更遑论美好的人生风景。

痛苦如山一般压在心头，眼前的世界好像变得更加苦难。

还好，梁思成并没有以别样的眼光来看待林徽因。此前他也听到过相关的人和事，现在总算是知道了其中的原委和彼此的态度。他并没有激动地去找林徽因“打破砂锅问到底”，而是默默地关注着她，不断地了解着她的一举一动。“我们无法矫治这个苦难的世界，但我们能选择快乐地活着。”他审视了自己内心的迷恋与自身的不完美，最终认为，只有看清了生活的不完美，才会懂得幸福的真正意义所在。他不想让自己变得烦恼不断，只想在自己的选择中获得幸福。在这样的心态下，心中林徽因的形象更加完美起来。

感情的事情，永远也说不清楚。若是无法看清感情的本质，了解真正的爱情，终究还是无法感受到幸福的真谛所在。林徽因的智慧之处，就在于她并非一个理想主义者，她敢于选择放弃是因为看清了这一切；放弃得毫不犹豫，正是怕自己无法掌控这一切，便远远地离开这爱情的“百慕大”，以免引火烧身。

一个不断靠近，一个不断远离。这二人的一进一退，吸引了不少旁观者。徐志摩的才华吸引了大批女学生的注意，学生们口口相传，传其文学修养，传其一表人才，传其爱情故事。这让他在痛不欲生的当口，可以暂时转移视线。

很快，清华学校就发来了邀请徐志摩前去做讲座的函件。

抱着去散心的心态，徐志摩接受了邀请。或许是学生们传播的范围太过广泛，报名的人数竟越来越多，就连附近院校的学生也赶过来想一睹其风采。梁思成知晓此事后也将这个消息告诉了林徽因，同时，他也想去现场了解一下徐志摩这个人，看看他的修养究竟如何。

到了现场以后，那场面之大、人数之多完全超出了梁思成的意料。学生们争先恐后地来听这位青年人的讲座。整个学术厅座无虚席，甚至连两边的过道也是水泄不通。伴随着热烈的掌声，一位身着丝绸夹袄的白面书生走到台前，他先是用手扶了扶那副精致的眼镜，然后面带笑容地对着台下鞠了一躬，不待坐定，便又响起了一阵雷鸣般的掌声。主持人梁实秋刚做完介绍，徐志摩就开始了他的讲座，讲座的主题是《艺术与人生》。这个话题从徐志摩的口中讲出来既通俗易懂，又不乏诗意的浪漫。面对台下众人的关注，徐志摩不紧不慢，表现得游刃有余。幽默诙谐的语言更是引起了学生们的深思，如同饮了一杯老酒，顷刻间就有了醍醐灌顶的感觉。在现场聆听过这场讲座的学生后来这样回忆道："徐先生仿佛有一种天生的魔力，看见他的样子，就忍不住为他沉沦，讲座结束很多天后，很多人还对他当时的演讲赞叹不绝。"

讲座的间隙，徐志摩端起杯子喝了口水，可就在他伸手扶眼镜的时候，发现了坐在后排的林徽因，虽然光线有些暗，但她的模样与身材却是无论如何都不可能认错的。她静静地坐在一大群人中间，看起来不起眼，但从另一种角度来看却又是那么与众不同。林徽因的出现无疑激起了他内心的情绪，于是他不再掩饰内心的想法，尽力让自己表现得更加出色。

虽说是在讲演，可徐志摩的眼神和心思已然全放在了她的身上。当林徽因从人群中站起来时，他还以为会有鲜花送来，可是她并未走向台前，而是一转身消失在门口。那一刻，他的心就像是被人狠狠地揪了一下，演讲的风格也在不经意间起了变化，让台下正听得如醉如痴的学生们一时间摸不清头脑。梁思成也感觉到了台上人所出现的变化。从徐志摩讲座开始，他就感觉到了对方的才华。来这里之前，他只是想更多地了解这个人，而现在他领略了他的思维敏捷、锋芒毕露以及成熟浪漫。

徐志摩迫不及待地结束讲座后，也顾不得学生们纷纷围过来问讯，便着急地朝礼堂外奔去。在场的人也不知道他要做什么，只是很不情愿地分成两列，在徐志摩跑过后又很快地合拢起来。也有些学生跟随着徐志摩慌张的脚步，跑出去一探究竟。到了门外，徐志摩却是什么也没有看到，他那颗刚看到一丝光亮的心，顿时又变得黯淡下来。

林徽因走得很急，生怕被身边的这两个男人看到。她是拒绝了徐志摩的追求，可却没有完全将这个人抛到云霄之外，他的理想、理念，以及他的创作态度，都值得自己来学习。也是因为如此，她才不顾人言可畏来到清华。当然，她也担心梁思成会因此生出些想法，所以选择了早早离开，却没想到带来了一系列的后续反应。

徐志摩不知所措地站在礼堂前，望着校园中的人来人往，叹着这难以捉摸的岁月世事。梁思成也跟随着跑了出来，望着那个人的背影，只感觉迷惑不解。

不久之后，徐志摩又出现在了他的眼前。

还是在松坡图书馆，这个痴情成狂的男人依然还是那么大胆而热烈。

“徽因。”

林徽因一时困窘得不知所措，一个劲地往梁思成旁边靠。

梁思成始终是个实在人，此时才二十岁出头的他，已经完全忘记了现场的那种紧张气氛，却从容地想要好好看看眼前这个人。他的出神以及对于这个人的好奇，倒是让林徽因更尴尬了，正当她不知道如何是好的时候，梁启超闻讯赶了过来。他一见这情景，很巧妙地化解了这不愉快的场面。

直到这个时候，梁启超才知道徐志摩对林徽因仍然是一往情深，念念不忘。这倒让作为老师的他有些忧虑不安了，他是懂儿子梁思成的，也了解自己学生的性格。

因为不希望有人去影响梁思成和林徽因正在逐渐升温的感情，梁启超和林长民商量了之后，决定还是将这件事情说个清楚，这样既不伤颜面，又能很好地解决问题。

于是，两位长辈先后约见徐志摩。

北京景山西街雪池胡同，林家大宅被翠绿的树木包围，四周的人很少，更加显得这里的安静。青灰的砖墙高高地耸立着，让人一来到此处便备感森严，大门外蹲着的两个石刻的狮子栩栩如生。这座宅院后面就是北海公园，走出院子就能看到琼华岛上的白塔。为了欢迎徐志摩的到来，林长民还专程请人买来了上好的“女儿红”。

天色渐渐暗了下来，两个人在酒中从家乡聊到英国，从英国又聊到文学，只感觉有聊不完的话题。在英国的那段时日里，这两位萍水相逢的人结为忘年之交，时隔两年之后再见，自然是别有一番滋味在心头。

酒过三巡，身处林家大院的徐志摩心中更是有着许多说不出口的话，在英国时，两个人既可以为一个话题捧腹大笑，也可以在书信里各抒己见。他心里清楚，便一直等着林长民先开口，而林长民又何尝不懂他的心思，可就是一直不说话，他想等徐志摩自己说出来。

这二人像是在打太极，让一旁的林徽因看得是云里雾里。正在此时，徐志摩看到了墙上悬挂的一幅字，也不知道是何原因，他径直上前看了起来。这幅字乃是福建老诗人陈石遗的手迹，神采气韵、章法布局以及结字造型看起来都很不凡。

这幅字上写的是一首诗，他先是默默地读着，到后来竟然发出声来。读到快结束的时候却又戛然而止，因为那上面分明写着“长者有女年十八，游学欧洲高志行。群言新会梁氏子，已许为婚但未聘……”

虽然喝了不少酒，人却是清醒的。此时徐志摩却有些恨自己的无知，更恨自己怎么会接受这样的宴请，可他只能故作潇洒地转身。这酒喝得真是满腹说不出的滋味，让他只感觉自己受尽了戏耍。

第二天，他还在沉沉的酣睡中，有人送来了一份邀请函件，落款处工工整整地写着“林徽因”三个字。他一下子又来了精神，一边洗漱一边哼唱。

金秋时节，北京城里几乎没有什么颜色，倒是城外更显色彩斑斓。尤其是那香山的红叶，大片大片的鲜红点缀着群山，与周围的色彩形成了鲜明的对比。行走其间，让人不由自主地陶醉在这壮观的景象中。秋风徐徐吹起，一片片的红叶飘落，地上便一点点红了起来。细看，如火一般在细密地燃烧着欲望；远看，如霞似的在季节的感动中醉着红尘。这样的情景，让人忍不住想一直走下去，阳光从稀疏的树缝中洒下来，深深浅浅的光便有了不同的层次。一诗一词一幅画，一吟一舞一仙境。

徐志摩和林徽因相约来到了这里。

两人经历过前几次尴尬的碰面之后，似乎疏远了不少。

“你那天去听我的讲座了？”

林徽因想了半天也没想明白他是如何知道的，只是沉默不语。

“那天讲得不好，还望多指导呢。”徐志摩谦虚地说，希望以此作为聊天的由头。

“你有着诗人的气质，做这些事情都是很不错的。”诗人还是诗人，只是她已经不是从前的她了。

“之前那些事情确实让你很尴尬，可也是情不自禁，望你理解。”一说到前几次在松坡图书馆发生的事情，林徽因就会不由得感到紧张，以至于后来梁思成甚至在门外贴上了用来提醒徐志摩的便条，看到梁思成写下“lover want to be left alone（情人不愿意被打扰）”这行字时，她只感觉不可思议，不明白爱情怎么会让一个素来温和有礼的人做出这样的举动。就像眼前这秋色，让人不敢去读，因为任何一片飘落的红叶都有可能破坏了美好的梦想。生活总是让人难懂，就像弄不明白自己的感觉一样。

徐志摩也在看这秋色，他眼中的红色没有丝毫的肃杀之气，反而有着矜持和可爱。置身其中，只想着连人都要变成红色了，他心动于这一树树的繁华，更心醉于季节的流光碎影。秋天，更像是一场真实的梦，始终不会少的是炽热、耀眼、光芒和情怀。

二人慢慢地向山上走着。

“志摩，你喜欢这红叶吗？”

听到这话，徐志摩来了兴趣，在这样的环境里，他怎会不喜欢这浓浓的芬芳呢？如果自己能有古人的情怀，完全可以醉卧在这火红的林中，饮清风，酌霞光，入睡幽梦中。满山的红叶是为深秋换上的容颜，是惹人怜爱的绚烂。

“似烧非因火，如花不待春。边行排绛帐，乱落剪红巾。”这一路的红叶就像是美好的年华，令人在清风中沉思，在云卷云舒中痴迷。人应该像这红叶，没必要一直沉默，就像爱情，如果太平静，留下的只会是忧伤。徐志摩望着娇艳妩媚的红叶，不小心陷入了这样的情绪中，透过这红叶，他仿佛看到了春天。

“红叶是积淀，就像你此时的燃烧。可是谁又懂叶子由绿变黄再变为红色，背后所要经历的漫长痛苦呢？人的一生由盛而衰，由荣到枯，更多的是无奈。但我以为香尘归土，那一树的心动更应该把握真实的自己，珍惜眼前的一切。”林徽因手中拈着一枚从地上捡起的红叶，细细地端详着，当她说这些的时候，又好像有什么话留在了嘴边。

“离秋最近的叶子是红叶，而离红叶最近的情则是思念。难道你不明白我对你的爱吗？”远处的红更加浓烈，以至于让天边的景色变得黯淡。

她用心聆听着每一个字节，就像是叶子在与风交流，只是少了以往的那种喜悦。康桥注定只能成为记忆，也只有记忆才会承载起从容和生命的成熟。“只言春色能娇物，不道秋霜更媚人。我以为红叶之美，并不在于它能辉映炫目的阳光，也不在于它能够感动远方的生命，而是它能在深秋中用生命浓缩爱恋，然后又情愿把这种奔放的感情凝结。”

徐志摩放慢了脚步，细细咀嚼着这一番话。他不知该如何排解心中的沉重，忍不住踢了下脚下的石头。没想到林徽因见后，小跑上前捡起来，然后又用手细致地拂去尘土，那喜悦之情，分明就像是得到了一个宝贝。

“一个石头，也当成宝贝，看来真是不识货。”他借机说出了心中的想法，在他看来，自己与梁思成相比并无丝毫逊色。

“真是宝贝呢，这叫画眉石，‘南都石黛，最发双蛾，北地燕支，偏开两靥’。这可是女孩子用来对镜描眉的。”林徽因并不去接他的话，而是执意想着如何说出自己的心思。

听到画眉石，徐志摩想到的却是“风凄霜冷，怎忍看蛾眉依旧？”心里愈发感觉到凄凉，泪水竟然流了出来。

也许是大家都明白了话中的意思，彼此都停下了脚步。

荼靡微凉，凉到忧伤。徐志摩平静了一下心情，开始轻声背诵起一首与康桥有关的诗。

康桥，再会吧；
我心头盛满了别离的情绪，
你是我难得的知己，
……
你我相知虽迟，然这一年中
我心灵革命的怒潮，尽冲泻
在你妩媚河身的两岸，此后
清风明月夜，当照见我情热
狂溢的旧痕，尚留草底桥边，
明年燕子归来，当记我幽叹
音节，歌吟声息，缦烂的云纹
霞彩，应反映我的思想情感，
此日撒向天空的恋意诗心，
……
康桥！我故里闻此，能弗怨汝

僭爱，然我自有谠言代汝答付；
我今去了，记好明春新杨梅
上市时节，盼望我含笑归来，
再见吧，我爱的康桥。

祸兮福兮

唯愿岁月静好，现世安稳。

香山归来，二人终于了断了康桥恋情，徐志摩不再去叨扰林徽因。现在来看，爱情更是一种专属的爱恋，多情未必就是真情。

“北平的五月，那是一年里的黄金时代。任何树木，都发生了嫩绿的叶子，处处是绿荫满地。卖芍药花的担子，天天摆在十字街头。洋槐树开着其白如雪的花，在绿叶上一球球地顶着。街，人家院落里，随处可见。柳絮飘着雪花，在冷静的胡同里飞。枣树也开花了；在人家的白粉墙头，送出兰花的香味。北平春季多风，但到五月，风季就过去了。市民开始穿起夹衣，在不暖的阳光里走。北平的公园，既多又大。只要你有工夫，花不成其为数目的票价，亦可以在锦天铺地、雕栏玉砌的地方消磨一半天。”在张恨水笔下，五月的北京是如此的安详而又惬意，处处充满着花团锦簇。然而，此时在北京求学的青年学生们可没有太多的闲情逸致，他们正在准备条幅、标语，准备在“国耻日”举行纪念大游行。

说起国耻日，其实要追溯到1915年，袁世凯迫于日本政府的强大压力，也为达到总统职位世袭的个人目的，最终与日本政府签订了丧权辱国的“二十一条”。此消息一经传出，立刻激怒了有血性的爱国人士，人民群众开始罢工罢课，并进行游行示威。虽然游行最后以失败告终，但是5月7日这天却被当时的全国教育联合会定为“国耻日”。

1923年5月6日晚上，梁思成因事临时回家。出门前他还专门告诉同宿舍的同学，无论多晚都会赶回来参加明天的游行活动。可是等到天亮时，他还没有如约回来，同学们等不到他，便陆陆续续地走出校门，汇入大队伍涌上各主要街道。其实，那天晚上梁思成在家中处理完事情，本打算赶回学校去，可他的母亲见天色已晚，怕他路上出意外，便劝他明日早起再去，梁思成想着时间也还富裕就留了下来。第二天天刚蒙蒙亮，梁思成收拾完毕就要出门，但弟弟非要跟着去看新鲜，三拉两扯之下又耽误了一些时间，于是弟弟建议骑摩托车去，为了不耽误游行活动，兄弟俩骑上车就朝长安街驶了过去。

街上到处是朝着长安街方向涌动的人，摩托车一路东拐西拐也还算顺利。梁思成远远地看到人群中清华学校的横幅，心急之下又踩了一脚油门，这时一辆小汽车突然从旁边冲了出来，两辆车直接撞到了一起。小汽车猛地一刹车，摩托车已被撞倒在地，还继续向前滑行了一段，轮胎转个不停，梁思成被重重地压在车下，腿部流着血，坐在后面的梁思永则被甩到了几米之外。而汽车上的人都没有下车查看一下，只是从窗口扔出一张名片，然后就若无其事地开车走了。巡警原本还想拦截，可一看到名片上的字，顿时吓得灰溜溜地走远了。

原来那辆汽车的主人是金永炎中将，他是中华民国总统黎元洪的陆军部次长，为人一向嚣张至极，被称为“黎幕四凶”之一。弟弟梁思永过了很长时间才缓过神来。他顾不得自己满脸是血，便扑在哥哥身上大声叫喊。只见梁思成脸色铁青，昏迷不醒，身上到处是血。梁思永忍着疼痛跑回家叫人，简单说了车祸的事，拽起家人就朝长安街那边跑。家人将梁思成带回家请医生诊治后又将他们二人一同送进了协和医院。

经过医生们的努力，梁思成很快醒了过来。医院初步诊断是不需要动手术，因为骨头未碎，只需扎紧，就能自我复原，一家人这才算是松了口气。

梁思成的脸色苍白，说话也是有气无力。这个时候，林徽因也满脸通红地跑了过来。

“思成，没事吧，你可是要吓死大家了。”她气喘吁吁地说着话，一边说一边看着梁思成。

“大难不死，必有后福。你看我不是好好的吗？不用担心。只是你怎么也来了啊？”

这样的问话其实很无意，却将林徽因逼到墙根，她的脸似乎更红了。也是，自己怎么一听到这个消息，就慌乱得不顾一切地跑了过来。不过心中的重压，却在见到他的那一刻消散了。

细心的梁母发现，她的眼眶里还有着泪水。或许是过于担心，额头的汗水还没有干，把头发紧紧地粘在脑门上。于是，梁母急忙上前来安慰道："没有什么事，医生说是骨折了，好好静养就可以痊愈。"

听完这些，林徽因脸上立即漾起一丝笑容，随即帮助梁思成的家人做起其他的事情来。林长民也急匆匆地赶来问候。当他看到女儿也在这里忙碌时，脸上露出了笑容。

这个意外谁也没有想到，就是平时谨慎的梁思成事后回忆，也不知道这起车祸到底是怎么发生的。虽说梁思成还得在医院静养一段时间，但幸福的是每天都可以见到林徽因了。她来来回回地忙碌着，除了每天送饭端水之外，还带来许多新的话题，她引导梁思成从学校说到北京，从北京说到国际，不断地转移着他对疼痛的注意。

随着夏季的到来，身上缠着厚厚绷带的梁思成最先感觉到了热，那时屋里没有空调，祛暑只能靠扇子，这个任务多半就交给了林徽因。起先扇子扇得还可以，可时间一久胳膊就酸痛得不行。她又不忍心看着梁思成的汗珠一直往下掉，于是就想了个好办法，也顾不得什么男女授受不亲的讲究了，端来一盆水，试好水温，将毛巾沾湿后擦拭梁思成的脸和身体。这享受确实不错，可林徽因每次都会累得大汗淋漓，像是从水中捞出来的一样。

这天，医院里来了一群人，带着一堆礼品。他们打听到梁思成的病房所在后就直接闯了进来。

“你是梁思成吗？”其中一人径直对着床上的梁思成问道。

“是的，您是？”

“这位是金永炎次长，专程来看望你。”说罢，后面那位长官模样的人走上前来，询问了伤情之后，又说了一些道歉的话。梁思成这才恍然大悟，来人原来是那次车祸的肇事者。待这些人走后，梁思成与林徽因不禁谈论起这些人的作为来，两个人你一言我一语地说着。

天气愈来愈热，每天用毛巾擦汗也成了林徽因固定的功课。刚开始时，梁思成觉得特别别扭，怎么都不习惯这样的做法，可他的身体又动不了，只好脸红心跳地接受。不过，到了后来他也慢慢地习惯了。一段时日下来，林徽因明显瘦了许多，可情绪却一直很好，但这个不错的降温方法却遭到了梁母的反对。

一天中午，梁母来给儿子送饭。来到病房门前时，突然发现林徽因正低着头给梁思成擦汗，她每翻动一下梁思成的身体都要用很大的力气，看得出非常吃力。梁母虽然有些感动，却也觉着有什么地方不对劲。她站在门前思虑了一会，便微笑着上前拍了拍她的肩膀，说道：“徽因，最近太辛苦你了，我来吧，你休息一会。”说着就拿过毛巾给梁思成擦起来。林徽因只感觉屋里的气氛怪怪的，却又不知道怪在哪里，她冲着梁思成连续做了几个鬼脸，便找了个借口出去了。

“思成，你怎么能让一个大家闺秀给你擦身体呢？简直是不成体统。一个人要是不守妇道，以后成家立业了会有很多烦恼事情的。”母亲李蕙仙一见林徽因走出去，这才说出了自己的看法。

“母亲，您就别想那么多了，徽因每天那么劳累，咱们应该感谢她才是。再说那些女医护人员不也是这样精心照顾儿子嘛，又怎么说呢？”梁思成是接受过新思想的人，他并未在意母亲说的这些事情，反而笑着和母亲“顶嘴”。

“就是你嘴硬，我跟你说的都是实话。”说着伸出手来假装打他。

“母亲大人，您生我已经很不容易了，现在还舍得打我啊！来吧来吧，往我的伤腿上打。”说着就要伸出腿来。

就在母子二人开着玩笑的时候，林徽因正巧走了进来，吓得梁思成赶紧拽了拽母亲的衣角，而李蕙仙也显得有些不自在，只好低头继续帮儿子擦身体。她一边擦，一边留心听梁思成和林徽因的对话，生怕自己刚才说的话让林徽因听到。

回到家后，李蕙仙将医院的事情告诉了梁启超，本想着他会认同自己。没想到梁启超听后却笑了出来：“这些事本来就是徽因的事情，没必要大惊小怪嘛。”然后便不理会她，自顾自地做事情去了。

梁家二老对待林徽因，各自有着不同的观点。梁思成是个细心人，感觉到母亲表现出不满的情绪时，会替母亲向林徽因道歉，也会巧妙地说出母亲不喜欢她的原因，让徽因不要生气。而林徽因并没有计较这些，她仍然如之前一样照顾着梁思成。

这天，她从医务室拿来了一张《晨报》，递给了梁思成。

“恭喜你啊，出了次车祸竟然上报成名人了。”

梁思成不解，打开报纸一看，他车祸的消息竟然出现在头版的重要位置。说起那次车祸，那位金永炎确实太小看梁启超的能力了，面对强大的舆论压力，连黎元洪都坐不住了，金永炎只好出面道歉并承担全部医疗费，还拿司机做替死鬼，最后甚至连总统黎元洪也出面替他求情，这件事情才算是告一段落。

等到快要出院的时候，梁思成发现自己腿部的疼痛并未减轻，梁启超只好又重新请来别的专家检查。这一检查才知道，原来之前医生的诊断是错误的。梁思成不得不又接受了三次手术，但即便是这样，他的腿疾也没有完全治愈，还落下了严重的后遗症——他的两条腿长度不一致。而脊椎的伤势更是堪忧，他需要一直穿着特制的“铁马甲”来支撑。

因为身体的原因，梁思成开始拒绝朋友和家人，他情愿将自己关在黑暗的小屋中，甚至连原本出国的打算也取消了，可当他看着林徽因含笑的面孔时，又困窘得不知如何是好。这样的情绪是复杂的，也是纠结的。

“思成，你要振作起来，不要去想那么多，至少我们现在还好好地活着。”林徽因请了假专程来陪他，开解他，想让他尽快从自己的苦恼中走出来。也许就是在这样的陪伴与照顾中，林徽因的内心慢慢萌生出了对梁思成的爱意。

面对生活的变化，林徽因似乎也有些不了解自己了。过去，虽然康桥的回忆是美好的，但她对自己的爱意汹涌感到害怕；现在，她又为这迟迟到来的爱意感到不解。所有因为车祸而起的变化，让这个聪慧的人不明白，到底如何才算是爱一个人呢？

梁思成住院期间，弟弟梁思永与梁实秋等同学开始了远赴美国求学的历程。这些人远去的消息，多多少少又让他心中多了些对于外界的向往。在这个飘散着消毒水气味的地方，住得实在是有些久了。他望着窗外季节颜色的变化，不安的心早已经飞了出去。

为了打好国学基础，梁思成又开始抓紧时间学习。而林徽因这一年来也很努力，在培华女中的学习生活结束，她也得到了半官费赴美留学的资格。

出院这天，梁思成最开心的事莫过于林徽因一直陪伴在他身边。林徽因刚刚剪去长发，换了一个当时特别时尚的女大学生发型，让他看得如醉如痴。

“徽因，我终于相信古人的话了，真得感谢这次意外的车祸，虽然皮肉受了伤，但是却让我重新认识了你。你真的很好。”

听到这些话，林徽因害羞地低下了头。经过此番事件，这两个年轻人的关系似乎更进了一步，他们也开始憧憬起了未来。

第四章 人生乐在相知

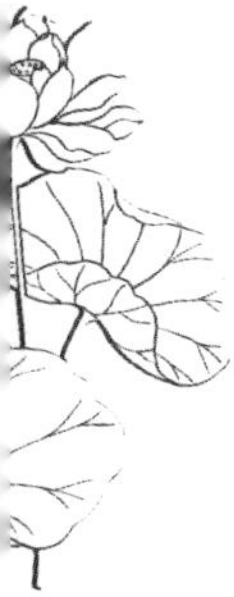

不做俗世情人

这段时间在医院的陪护，让林徽因觉得梁思成是个值得信任的人。他的实在，不是诗意中的臆想，也不是那种虚无缥缈的幻觉。

随着梁思成身体的逐渐康复，这两个年轻人终于又有心情四处游玩了。他们目前已经结束了北京的学业，正一起准备出国留学的事情。闲暇时，林徽因和梁思成一起，将他们的足迹留在了山野古寺之间。这样的陪伴，更似一种无言的安慰，让梁思成从痛苦中一点一点地抽身，变得坚强起来，也让他更加懂得如何关爱他人，善待自己。

尽管忙乱，但林徽因还是用她那双能够发掘美好的眼睛，让不如意的生活变得有趣起来。她对文学的兴趣越来越浓，而梁思成也受其影响，对文学的爱好不断加深，还与林徽因一起加入了新月社。

新月社是中国现代文学史上影响较大的一个文学社团。徐志摩与胡适结识后，开始参与北京上流社会的各种聚会，其中也有不少留学生，他们在徐志摩工作的松坡图书馆一起谈论时事，偶尔也会抚琴弄诗，说些风花雪月之事。起先徐志摩只是在一边观看，后来也慢慢地融入其中。他还为此写下了文字："我们的小园庭，有时沉浸在快乐之中；雨后的黄昏，满院只美荫，清香与凉风，大量的蹇翁，巨樽在手，蹇足直指天空……"

正是在这样的情形之下，徐志摩心生了筹办新月社的想法，让诗词朝着新诗理论与新诗创作的路子发展，没想到胡适、闻一多、梁实秋、林长民等人都积极迎合。于是新月社很快就成立了起来。该社成立之初，以泰戈尔的作品《新月集》命名，意为这"不是一个强有力的象征，但它那纤弱的一弯分明暗示着怀抱未来的圆满"。兼任《晨报》编辑的徐志摩更是将其报纸副刊作为主阵地，开辟了"诗镌"专栏，为当时的文艺青年提供了一个发表作品的平台。

1923年12月1日，林徽因的处女作在《晨报五周年纪念增刊》发表了，是翻译英国作家王尔德的《夜莺与玫瑰》。此消息一出，林长民自然喜出望外，反复夸赞女儿诗一样的文笔。梁启超知晓此事后，也甚是高兴，反复琢磨了报纸上的文章，又推荐给李蕙仙看，并且一直在旁边轻声朗读。

夜莺喊道："高兴吧，快乐吧；你将要采到你那朵红玫瑰了。我将用月下的歌音制成她，再用自己的心血染红她。

我向你所求的酬报，仅是要你做一个真挚的情人，因为哲理虽智，爱比她更慧，权力虽雄，爱比她更伟。焰光的色彩是爱的双翅，烈火的颜色是爱的躯干，她有如蜜的口唇，若兰的吐气。”

青年从草里抬头侧耳静听，但是他不懂夜莺对他所说的话，因为他只晓得书上所讲的一切。

那橡树却是懂得，他觉得悲伤，因为他极爱怜那枝上结巢的小夜莺，他轻声说道：“唱一首最后的歌给我听罢，你别去后，我要感到无限的寂寥了。”

……

“翻译得真好。瞧瞧这孩子的文笔，看来我的眼力真是不错。”梁启超兴奋地在屋子里低吟高和，表现得就像个孩子。妻子李蕙仙望着他脸上的自豪，感觉又好气又好笑。她不知道自己的丈夫为什么会越来越喜欢那个未过门的“儿媳妇”，甚至在给女儿梁思顺的信中，也表达出了这样的开心：“我对于你们的婚姻，得意得了不得，我觉得我的方法好极了，由我留心观察看定一个人，给你们介绍，最后的决定在你们自己……徽因又是我第二回的成功。我希望往后你弟弟妹妹们个个都如此。”

梁思顺是梁启超的长女，她的丈夫周希哲是一名外交官，而这门婚事正是由梁启超一手促成的，他用自己长辈的经验和眼光为他们先做出判断，但最后还是会把选择权交给儿女。他了解自己的孩子，看人也有独到的眼光，大女儿的婚事就是他的第一次“得意之作”，所以称“徽因又是我第二回的成功”。可见，他对林徽因这个未来的“儿媳妇”十分满意。

自林徽因的作品发表后，好事也是一件接着一件。这天下午，林长民刚进家门，还未来得及脱去马褂摘下礼帽，便开口对林徽因说了一件事。正在读书的她，激动得从沙发上跳了起来。

“是真的吗，父亲？您刚才真的是说泰戈尔要来北京访问吗？”听到印度著名诗人泰戈尔要来的消息，林徽因不禁心潮澎湃。那些日子，她完全把自己沉浸在《新月集》《飞鸟集》等泰戈尔广为流传的作品中，从那些有生命的诗句中感受着他无比锐利的文风。可以说，泰戈尔的作品不仅仅是对这个社会的深情流露，更是反映了一个时代的颓废败落。

见到女儿陶醉的样子，林长民才明白泰戈尔的作品是如何影响了一代人。那些散落在彼岸的诗歌像一朵朵傲世的花，隐隐地开着，用其独特的优雅打败了生命的乏味。

这场令中国学界期待已久的访问，由梁启超和蔡元培发起。作为中国文化界的领军人物，他们用“讲学社”的名义邀请泰戈尔一行来华参观讲学，既可以加强中印文化交流，又可以将国外的各种思想和观点引入国内。林徽因也有机会跟随父亲去亲眼目睹这位亚洲第一个获得诺贝尔文学奖的诗人、文学大家的风采。

作为东方诗人，泰戈尔在1913年获得诺贝尔文学奖的消息一经传开，便在中国引起了不小的轰动。一时之间，翻译介绍泰戈尔的诗歌成为时尚，中国诗人和读者对泰戈尔的名字十分熟悉，因此对他的这次访华充满了期待。1924年4月12日，这位六十四岁的老人，终于在众人的盼望中乘船抵达上海，随行的还有梵文学者、画家、历史学家以及美国社会工作者。从一个文明古国到另一个文明古国，泰戈尔一行人经历了一个多月的漫长航行，带着浑身的疲惫踏上了码头。上海文艺界人士、中国各文学社团代表以及外国记者在码头排队迎接，热烈的气氛让泰戈尔感受到了中国人的热情。他没想到自己率领的“国际大学访问团”会如此受欢迎。

新月社的创办者徐志摩在泰戈尔访华期间担任翻译一职。这天，泰戈尔一下船，他便上前搀扶，顿时让老人对这位年轻后生心生喜欢。在接下来的一个多月里，他们先后去了上海、杭州、南京、济南、北京、太原等城市。或许因为同是诗人，他俩谈得特别投机，有时甚至会通宵达旦地谈诗、吟诗、写诗。

在外人眼中，这一老一少就像一对情意深浓的父子，无论是散步，还是游玩，一举一动中都透着诗意。这些天的接触，也使徐志摩愈发喜欢这位老人，在去北京的车上，他鼓足勇气向泰戈尔吐露了自己的心事。徐志摩的深情讲述，深深感动了老人。泰戈尔直言，若能够见到林徽因，定会尽力撮合两人。

泰戈尔一行于4月26日到达北京，火车一到站，手捧着鲜花的林徽因就紧张起来，她站在一大群文化名人中间，显得有些焦灼不安。尽管已在脑海中无数次地想象过老人的形象，也反复认真地读过老人的诗，可到了真正要见面的时候，内心仍难免激动，尤其是四处又围着那么多观望的人，更是让她有些神情恍然。

火车停稳后，留着白色长须的泰戈尔稳健地走下台阶，一顶红色毡帽搭配着褐色长袍，并不是林徽因想象中的那副严肃、呆板模样，她这才渐然回过神来，还来不及上前献花，搀扶着泰戈尔的徐志摩已经用眼神示意。她赶紧集中精神走上前去，没想到泰戈尔在接过花的同时，冲她微微点头，就像是之前已经熟识的朋友一样。他仔细打量了眼前送花的女孩，然后转头对身边的徐志摩小声说道："这就是你说的那位独一无二的天使吧？人真的很美，你可以勇敢地去追寻你的爱，只有优秀的男孩才能够拥有这样优秀的女孩子。"

此后的日子里，林徽因和徐志摩一左一右陪伴着泰戈尔，不论是谈论北京的人文地理，还是畅游北海、法源寺等景点，林徽因都有着一种常人无法企及的魅力。对于泰戈尔，她微笑中带着优雅，气质中有着洒脱；对于徐志摩，她落落大方，彬彬有礼，保持着一颗平和的心。徐志摩受到泰戈尔的多次鼓励后，心动的感觉渐渐明显起来，看林徽因的眼神也多了些意味。人们常说，只有浪漫才能打败生命的乏味，确实不错。徐志摩每天不仅要陪同泰戈尔，还要翻译演讲稿，安排每日的行程，可就是在这样繁忙的情况下，他还是感到自己与林徽因又重新找到了默契，仿佛回到了他们在康桥时的岁月。

记者们的眼光是不同的，他们更关注于事物的外在。于是，两人陪伴泰戈尔的画面就为各报争相刊用。有媒体这样写道："林小姐人艳如花，和老诗人挟臂而行。加上长袍白面，郊寒岛瘦的徐志摩，犹如苍松竹梅的一幅三友图。"

泰戈尔在北京始终受到热捧，但让人记忆最深的是在日坛的讲座，上千热心的听众围在台下聆听他激情满怀的演讲。老人的演讲是如此铿锵有力，以至于梁启超、章士钊等人都为其感动。当大家都在回味那些精彩的言语时，林徽因却暗自称赞起徐志摩的翻译水平。

"志摩，你的翻译水平太专业了。好多人都听得入迷了。"

"主要是和诗人泰戈尔在一起，我的思绪才能得以发挥，要不然也是没有灵魂的干瘪。"

恰逢泰戈尔的生日，为了缓解老人在外的思乡情绪，5月8日"讲学社"又特意为老人举办了一次难忘的生日庆祝会。宴会之上，梁启超还特意为泰戈尔赠名——竺震旦。当时，其他人对于这个怪异的名字都不理解，听了梁启超的解释后，大家才恍然大悟。原来古代印度称呼中国为"震旦"，而泰戈尔的名字拉宾德拉（Rabindra）也可以译为"震旦"。古代中国则称呼印度为"天竺"。所以泰戈尔的中文名以"竺"为姓，以"震旦"为名。

泰戈尔本人非常喜欢这个中文名，在他后来所著的《我的童年》

一书的结尾曾有言："在我这儿，东方和西方有了友谊；在我的生命中，我的名字的含义实现了。"

除了意义特别的赠名，新月社也为泰戈尔准备了特殊的生日礼物，尽管时间仓促，但他们还是加班加点完成了泰戈尔根据《摩诃婆罗多》改编的英文诗剧《齐德拉》。其中，林徽因扮演女主角齐拉德，张歆海扮演王子阿顺那，徐志摩扮演爱神，林长民也有声有色地扮演了春神，而梁思成则负责整个剧的布景设计。

演出那天，位于东单三条的协和小礼堂被围得水泄不通，鲁迅、梅兰芳等文艺界的名人也赶来捧场助兴。一时间洛阳纸贵，连节目单也变得抢手，竟然一块大洋一张也买不到。北京的《晨报》对此次演出进行了报道："林宗孟（即林长民）君头发半白还有登台演剧的兴趣和勇气，真算难得。父女合演，空前美谈。第五幕爱神与春神谐谈，林徐的滑稽神态，有独到之处。林女士徽因，态度音吐，并极佳妙。"

泰戈尔既是一位伟大的诗人，也是一位热衷于戏剧创作的作家。看到自己的作品被活灵活现地搬上舞台，他自然非常高兴。诗剧一结束，他就与这些演员们握手。走到林徽因面前时，他欢喜地拥着她的肩膀说："马尼浦王的女儿，你的美丽和智慧不是借来的，是爱神早已给你的馈赠，不只是让你拥有一天、一年，而是伴随你终生，你因此而放射出光辉。"不难听出，泰戈尔这些天和她讲的话，多是徐志摩如何如何地喜欢她，意图撮合两人。

她不由得想起这些天徐志摩的表现来，完全是一派陷入在诗剧中的模样，说话做事处处都是“爱神”的神情，几乎是旁若无人地表达着自己的情绪。有时面对他的眼神和表情，林徽因似乎也被感染了。所有舞台上的效果都在不经意地朝着生活涌动，那动情的眼神仿佛可以燃烧掉一切。夜深人静的时候，林徽因也会回想这一幕幕的情形，她知道自己终是无法忘记过去的一切，但她又必须为自己的梦想坚持，来完成对个人命运的掌握。

泰戈尔确实也为这两个年轻人的事情努力了，但有些事情并不是努力就可以实现的，它可能更需要缘分。

5月20日，泰戈尔即将启程去山西，众多文化界人士前来送行，林徽因也前来与泰戈尔道别。徐志摩在车窗里望着这个熟悉而又生疏的脸庞，心情复杂。当徐志摩知道一切都无可挽回的时候，他的内心又多了些伤感。尤其当他知道林徽因即将和梁思成一起出国留学时，内心更是无比悲痛。

在路上，徐志摩又一次从梦中醒过来，心情沉重地在纸上乱画。“我真不知道我要说的是什么话。我已经好几次提起笔来想写，但是每次总是写不成篇。这两日我的头脑总是昏沉沉的，开着眼闭着眼都只见大前晚模糊的凄清的月色，照着我们那不愿意离去的车辆，迟迟地向荒野里退缩。离别！怎么的能叫人相信？我想着了就要发疯。这么多的丝，谁能割得断，我的眼前又黑了！”

他明知没有希望，却又不愿意轻易放弃。这样的情绪压在心底，只能是无尽的痛苦。其实，林徽因的放下是为了彼此更幸福的生活，在爱情这件事上，她是坦诚的，因为她一心只想着如何去寻找属于自己的幸福，而不是羡慕虚幻的爱情。

热闹的活动结束之后，在谈及泰戈尔来华的目的时，徐志摩说：“他这次来华，不为游历，不为政治，更不为私人的利益，他熬着高年，冒着病体，抛弃自身的事业，备尝行旅的辛苦，他究竟为的是什么？他为的只是一点看不见的情感。说远一点，他的使命是在修补中国与印度两个民族间中断千余年的桥梁。说近一点，他只想感召我们青年真挚的同情。因为他是信仰生命的，他是尊崇青年的，他是歌颂青春与清晨的，他永远指点着前途的光明。”

其实，写下这些文字的时候，徐志摩自己也在想，情感到底是什么呢？“浅喜似苍狗，深爱如长风，所爱隔山海，愿山海可平。”如果说，一个轻轻的拥抱能够融化一颗心，那么最好还是让这无比浪漫的心境，在无声中散溢出属于自己的馨香。怎么看都是一对绝好的伴侣，可是泰戈尔最终也没有明白徐志摩与林徽因的感情，在想尽办法却仍撮合无果后，只能希望这段感情成为他们彼此最美的回忆。于是，在离去前，他特意留下了含意深刻的一首诗。

天空的蔚蓝
爱上了大地的碧绿
它们之间的微风

叹了一声

唉

天和地原本就有着不可逾越的距离，这一声无可奈何的叹息，自然只能随着风轻轻远去。

异域浪漫

人只要一开心起来，时间就会流逝得很快，快得让人根本来不及回忆。

经过一段时间的亲密接触，梁思成和林徽因的关系进展迅速。回首之前的那些事，一件一件让人难以忘怀，而眼下最紧要的便是收拾好行囊，准备去美国留学。

两个人一起出国，是他们之前从未想过的事。梁思成原本是准备前一年就赴美留学的，但意外的车祸让他不得不休养一年，而林徽因也恰巧在此时获得了半官费留学资格，这样两人才有了一起赴美深造的机会。

邮轮缓缓地行驶，码头上的人逐渐缩小，慢慢地变成了远处的风景。等到什么也看不见时，林徽因才从执着的远望中回过头来，只见梁思成守在一边，眼里满是爱怜。

“怎么了，不会刚离开就想家了吧？”他笑着问道。

“怎么会呢？就是不知道那边环境怎么样，这一去数年，真是会想家的。”她平淡地回答，似乎想从这样的深情凝望中得到他的支持和鼓励。

外面的世界，有着太多的美好，同样也有着太多的诱惑，就看每个人能否坚守内心的笃定。

远处的海面上，有海鸥在高高低低地飞着。林徽因与梁思成两人在船上聊起了那场《齐德拉》的英文诗剧。

“我突然想起你在表演《齐德拉》的时候，有段台词不错：‘我是齐德拉，马尼浦王室的女儿。湿婆天神垂降神恩，应许我的王祖以世代绵延的男储。但是，神旨却没有力量改变我母亲腹中生命的火花——我的天性是这样的坚强，虽然我是一个女子。’”梁思成绘声绘色地模仿着她的声音，搞得这位“穿上男装走出深闺”的林徽因有些不好意思。

“你的表演天赋十足啊，还以为你只会搞设计呢。”林徽因也调侃道，“我是齐德拉。不是受人礼拜的女神，也不是一个平凡的怜悯的对象，像一只飞蛾可以让人随便地拂在一边。”

两个人说笑着回忆起那次演出，林徽因这才发现，始终在幕后的梁思成，竟然有着如此丰富的内心，便对他更加刮目相看。

1924年7月7日，经过漫长的旅行，林徽因和梁思成终于到达了康奈尔大学。按照计划，他们要先在这里趁着暑期完成预备课程，调整自己，适应新环境，等到9月开学再去宾夕法尼亚大学深造。

康奈尔大学位于伊萨卡市区的一座偏僻小镇上，小镇不大，绝大多数的人都是来康奈尔大学求学的学生。这里三面环山，一面临湖，幽静的田园风光映衬着成片的建筑。

风景自然是醉人，但对于刚到这里的学生来说，所面对的一切又是神秘的。这所校园与国内的大学截然不同，仅一个供教学使用的种植园就有三千多亩的森林，其间还有潺潺的溪流、陡峭的山谷和气势雄伟的瀑布。

置身其中，尤其是站在那座横跨峡谷的吊桥之上，更感觉这里不像是学校，而是人世间最为原始的地方。远处一片火红，似乎要被枫叶燃烧了一样，树影斑驳，让校园中时时处处都显得分外宁静。

林徽因与梁思成这两个陌生的造访者，面对此番景象，不由暗自吃惊，只觉得这“巨无霸”的学校更像是一个隐在这里的世外高人，以其飘然的身姿和灵魂，在等待着每一个人的探寻。为了能够尽快适应学业，他们很快就投入了暑期的功课补习中。梁思成选修了户外写生、三角和水彩静物等课程，林徽因则选修了户外写生和高等代数。

在这两个月的时光中，二人时常背起画具，去野外感受色彩，体会山、树、泉水所建构的美，通过与大自然的亲密接触，激发出创作的灵感。他们还会结伴去体味大学的文化内涵，或许是融入山林之中的缘故，哥特式、维多利亚式、新古典主义式的建筑依着山势，让人感觉格外雄伟壮观。

在领略康奈尔大学的校园风光、享受大自然美好田园景致的同时，林徽因与梁思成还在校友会上结识了许多新朋友。大家畅谈理想、讨论人生、唱歌、举办化装舞会，过得充实而快乐。

每天的生活都是有趣的，在这样的节奏中，暑期的补课也在有条不紊地进行着。虽然有时候也会感到忙乱，但彼此的扶持，让对方从不安中找到了依靠和力量。在户外写生的路上，他们抛下了所有的不快和思乡之情，让自己完全沉浸在自由的创作之中。

很快就到了9月，两人结束短暂的补习之后，来到了宾夕法尼亚大学。梁思成顺利地进入了建筑系，但林徽因却因建筑系不招女生的缘由而被拒之门外，她只好选择了美术系。虽然出现了这样令人遗憾的局面，可林徽因并没有气馁，而是想尽办法在学好自己专业的同时选修建筑课程。

林徽因开始了忘我的学习，不论风雨，总会按时来建筑系旁听，这样的情形让梁思成特别感动，也促使着他每天勤奋学习，用心做好笔记给林徽因看。两个人经常在一起有说有笑地谈论着专业，那样的甜蜜无疑是令人羡慕的。或许正是因为林徽因有着自己的梦想与追求，所以才格外刻苦地学习，以至于常常到深夜她才恋恋不舍地上床休息。

林徽因在学业上的进取追求，使她得以破格跳级，直接升入三年级。她积极从事美术设计活动，并在大学生圣诞卡设计竞赛中获奖；仅用两年时间就取得了美术学士学位；作为建筑系旁听生，竟然在不到两年时间内就受聘担任建筑设计教师助理，不久更是成为这门课程的辅导教师。

1926年，《蒙大拿报》刊发了一篇对林徽因的访问，文章的标题是“中国女孩致力拯救祖国艺术”。林徽因在访问中告诉记者：“等我回到中国，我要带回什么是东西方碰撞的真正含义。令人沮丧的是，在所谓的“与世界接轨”的口号下，我们自己国家独创的原创艺术正在被践踏。应该有一场运动，去向中国人展示西方人在艺术、文学、音乐、戏剧上的成就，但是绝不是要以此去取代我们自己的东西……作为女孩，在中国，一个女孩的价值最多体现在家庭中，我崇敬这里的民主精神。”从这段精练的采访中，足以了解到林徽因的内心世界。

林徽因的用功，梁思成是看在眼里喜在心上。当然，他也在每周近六十个学时的繁重学业中严格要求着自己。这个时候，他们碰到了曾与梁思成是清华同班同学的陈植。陈植曾担任清华学校青年学会会长，因为身材矮小，被人戏称为“青年不会长”。故友重逢，自是少不了一番寒暄，而梁思成也大大方方地将林徽因介绍给陈植认识。此时的陈植才算是见到了传说中的林徽因。她微卷着头发，独特的气质和秀丽的外表下是无法言说的聪慧，两个人只简单地交流了几句，陈植就被她的文采所折服。

学业之余，梁思成和林徽因会去附近的集市逛上一圈，品尝一些小吃当作放松。林徽因对外酥里嫩的油炸燕麦包情有独钟，那种松弛的口感香香脆脆，再淋上炼乳，趁热吃起来更是味道绝美。梁思成感兴趣的则是小香肠，煎得鲜嫩十足，拿在手中香气四溢，很容易勾起人的食欲，咬上一口，满嘴都是浓浓的肉香，一种满足感油然而生。有时，他们也会去校外散步，去感受一下大自然、小镇和村落的气息。

岁月静好，流年辗转。周围的新气象感染着这对年轻人，让他们在和风细雨中感受着不同的关爱与浪漫。于指尖的光阴中，他们呵护着一场约定，那些宛如秋水的心事，快乐地流淌在宁静之中。

情路坎坷

来到美国后，求学之路还算顺利，但欢乐、紧张和新鲜的生活，并没有驱散梁思成和林徽因各自心头的阴影。梁思成的母亲李蕙仙一直对林徽因抱有偏见，那还是在梁思成遭遇车祸住院休养期间，林徽因每天都去医院看望他，陪在他身边逗趣，还有擦汗、喂饭、帮助伸展身体等贴身服侍，两人毫不避嫌。但这样的举动却令李惠仙觉得一个女人还没有和男人结婚就这样开放，简直是不守妇德的表现。她认为梁思成娶这么个女孩，不会幸福。

后来，泰戈尔访华，林徽因脱颖而出，但并没有改变李蕙仙对她的印象。本就不满这桩婚事的李蕙仙，从这时起反对得更加激烈，甚至在他们出国前还不断地向梁思成表达自己不喜的态度。

在林徽因与梁思成刚刚抵达美国，还在康奈尔大学就读之时，梁思成常常收到姐姐梁思顺的来信。信中反复传达着一个中心思想：母亲反感林徽因，坚决反对他们结婚。

而李蕙仙的这些想法，也不知道怎么就让林徽因知道了。她十分伤心，既不愿忍受梁家母女的种种指责，更不能忍受他人对自己人格与精神独立的干预。于是她找到梁思成，告诉他，等到假期结束，自己要待在康奈尔大学，不再随他一起前往宾夕法尼亚了。

林徽因被这所有的烦心事搞得心绪不宁，竟一下子病倒了。心中的苦闷眼前无人诉说，便只好给大洋彼岸的朋友们写信，她满怀期待地将这些饱含着情绪的信件发出。

当胡适、徐志摩等人收到信时，每个人的心情都不尽相同。胡适只是以朋友的身份安慰着，而徐志摩却认为自己又一次看到了希望。纸短情长，他手执着那封信在屋里反复地读着，时而高声时而低调，抑扬顿挫的姿态显出了内心的得意与自足，他似乎要从这短短的话中读出新意来。“我的朋友，给我一个快电，单说你平安，多少也叫我心宽。”

徐志摩的激动自是无法言说。他手持着信，虽然实在不明白这些文字想说些什么样的牵挂，但内心的情绪却不由自主地燃了起来，只想着要把积聚在心里的话全部变成文字写满一页又一页。很快他就写好了一篇文字，然后又起身用心读了几遍，感觉还是无法代表自己的心情，又揉作一团扔在地上，然后又重新在桌前细心地写起来。此时此刻，他只觉得所有的语言都太苍白，无法表达出内心想说的万千思绪。

时间在一分一秒地流逝，徐志摩的牵挂也在一分一秒地加深，他只想把自己的情况在最短的时间内送给林徽因，拂去她心中的所有不快。第二天一大早，他就匆匆赶到邮局发了封急电。工作人员看到他拟好的电稿疑惑地说：“今天早晨已经有四位先生给这位女士打过电报了。”

听到这样的话，徐志摩的喉咙深处似乎有什么东西堵住了一样，一句话也说不出来。

林徽因的信如同一枚石头，不经意地投入，却深深地漾起了徐志摩心底的水花。他把自己关在屋子里，写下了一首诗。

啊，果然有今天，就不算如愿，
她这“我求你”也就够可怜！
“我求你”，她信上说，“我的朋友，
给我一个快电，单说你平安，
多少也叫我心宽。”叫她心宽！
扯来她忘不了的还是我——我，
虽则她傲气从不肯认服；
害得我多苦，这几年叫痛苦
带住了我，像磨面似的尽磨！
还不快发电去，傻子，说太显——
或许不便，但也不妨占一点

颜色，叫她明白我不曾改变，
咳！何止，这炉火更旺似从前！
我已经靠在发电处的窗前；
震震的手写来震震的情电，
递给收电的那位先生，问这
该多少钱，但他看了看电文，
又看了我一眼，迟疑地说：“先生，
您没重打吧？方才半点钟前，
有一位年青先生也来发电，
那地址，那人名，全跟这一样，
还有那电文，我记得对，我想，
也是这……先生，你明白，反正
意思相像，就这签名不一样！”
“唔！是吗？噢，可不是，我真是昏！
发了又重发，拿回吧！劳驾，先生。”

用尽心思琢磨的文字并没有如期寄出。那些时日，林徽因为感情的事压抑得几乎喘不过气来，一连几天发着高烧，一直躺在医院的病床上。刺鼻的药水不断地往胃里逃窜，却仍挡不住内心的压抑与苦楚，那种孤单的滋味和着无尽的忧伤，朝着心灵最为脆弱的地方而去。梁思成也顾不得此前的不快了，每日都在病床前精心照顾着，用自己的真诚一点点地温暖着她。当林徽因终于睁开眼睛时，眼前出现的并不是梦中的徐志摩，而是那个脸色苍白、眼中布满意血丝的梁思成。

她缓缓地伸出手来，想要抓住他。在这样的环境中，她清醒地知道，质朴、实在、踏实的梁思成才是自己最终要找的人。他虽然不解风情，也没有那么丰富的感情世界，可彼此之间有着共同的爱好和追求，有着温情的生活。

那一刻的接触，是梁思成所没有想到的。他只想着如何弥补之前的不快，想着早些让她从病痛中解脱出来，至于其他的事情，他根本就没有去奢望。或许是大林徽因三岁的缘故，他总是默默地包容着她，甚至还会像孩子一样逗她。面对她的种种不解与抱怨，也会用尽心力安慰她，守护她。林徽因住院的这些天，他的角色更像是一位护理，每天遵从医生的要求去打饭送水，还要在一旁打着盹为她读报，这感觉就像之前林徽因照顾梁思成一样。

爱如饮水，冷暖自知。梁思成用自己的安稳在慢慢地营造着相互理解的桥梁。

之后，林徽因和梁思成仍按原计划前往宾夕法尼亚大学学习，但入校还不到一个月的时间，就传来了梁思成母亲病故的消息，而父亲梁启超念及他们才刚进入大学，为了不耽误学业，再三致电劝梁思成不要回国奔丧。

梁思成悲痛欲绝，林徽因同他在校园后边的山坡上，举行了一场小小的祭奠仪式。梁思成焚烧了他写给母亲的祭文，林徽因采来鲜花绿草，编了一个花环，挂在朝着家乡方向的松枝上。

时间是治疗心灵伤痛的良药，当两个人重新成双成对享受着大自然的美妙时，才知道那一段时间过得实在心酸，不仅遭遇了家人的误解和离去，还要承受着彼此的折磨。而此前那些心情平和的日子感觉就像梦一样缥缈，不过现在，生命的幸福时光终于又要重新掀开了。

流年不利

经过之前的那场大病后，林徽因变得不再那么容易生气，更多的冷静让她明白了如何在未知中相爱，在懂得后相守。在林徽因生病期间，梁思成每天都在奔波着、担忧着。她每次从昏沉中睁开眼，都会看到他大汗淋漓地忙碌着。清晨，梁思成会早早起床去周围采摘花束，那些还带着露水的鲜花出现在病房时，常常会吸引其他患者的羡慕眼光，当淡淡花香抵消了浓烈的苏打水味道时，林徽因无疑是满足的、幸福的。他那无微不至的关爱如同一种责任，而这样的呵护也加深了彼此的信任。林徽因隐隐地产生了一种自责，后悔自己有时对梁思成不好，甚至还在病中给徐志摩写过信。是的，我们每个人都不是圣人，谁也不能保证自己在情感中不犯错误。对于林徽因来说，纵然有着无数次的回望，有着无数次的懵懂，但她始终在用自己的聪慧纠正着航向。

病好以后，林徽因对戏剧产生了深厚的兴趣。那情形有些类似于《不该爱的女人》一书的作者哈辛特·贝纳文特·伊·马丁内斯，他是在马德里大学读法学专业时，突然间喜欢上了戏剧的，先是不断地观看演出，后来便开始了疯狂的创作。而现在要追溯林徽因对于戏剧的兴趣，应该归功于泰戈尔的访华，她在北京不仅出演了英文诗剧《齐德拉》，而且还结识了京剧大师梅兰芳。梅兰芳对于林徽因这位才女也是十分敬重的，更有传言说，凡是有林徽因在的剧场，他从不肯落座，每每都会从开始站到结束。传言的真假已经无从鉴别，但可以肯定的是，戏剧的种子从那时起就已经在林徽因的心底萌芽了。

国内浓厚的戏剧气氛和对于戏剧的大力推崇，让留学海外的学子们也将这一爱好带出国门，并作为时尚演绎成为文化生活中不可或缺的一部分。这样的戏剧多是中国剧情穿插英语对白，虽然给人感觉有些生硬蹩脚，但也别有一番风味。没事的时候，学生们就排练剧目，逢休息或节假日时就在校园里演出。

“微笑是半开的花朵，里面流溢着诗与画，还有无声的音乐。”对于林徽因来说，她特别喜欢参加演出，一大群人又说又笑，不仅练习了英语，也在参与戏剧这一综合艺术的过程中，观察、参悟了人生。梁思成对林徽因的这一行为自然十分支持，他虽学的是建筑专业，但本身在美术和音乐上也有一定的造诣，因此凡是有林徽因参与表演的剧目，他都会积极地参与设计。到了后来，林徽因不仅会在舞台上参与演出，也开始跟着梁思成接触起各类舞美设计。由于戏剧会涉及美术、音乐、文学等众多门类的知识，因此林徽因在参与戏剧表演的过程中也完善了自己。在大家眼里，她愈发像生命的繁花，在达观的微笑里不断地绽放着。这个时候，余上沅、闻一多等人找到了林徽因，想商量着一起成立“中华戏剧改进社”，从而进一步在美国各大校园内推广和普及话剧表演。林徽因一听自是开心，还不等改进社征稿，她就已经开始撰写剧本，准备投稿了。

现在回过头去看，林徽因后来毅然选择进入耶鲁大学的戏剧学院就读，多多少少也因着这样的喜好。她在跟随G.P.帕克教授学习戏剧创作的那段时间，细致而认真地钻研着西方舞美设计的种种创作方法，无论是对布景、灯光的设置，还是对服饰、化妆等元素的搭配，都敢于超脱剧本的内容，进行各种艺术化的加工和改进，使得人物和环境相互契合。在这样的二度创作中，林徽因“以其精致的洞察力为任何一门艺术留下自己的印痕”。

这位本就聪慧的女子，不仅仅只是苦学书本上的那些知识，而且把所学的知识与其他门类的艺术全部融会贯通，然后又淋漓尽致地发挥出来，从而使得这种视觉艺术闪耀出了不凡的光彩。

学习的日子是开心的。一旦没有了令人心烦意乱的事情打扰，时间就过得飞快，美好的时光不经意就到了六月。

是谁笑得那样甜，那样深，

那样圆转？一串一串明珠

大小闪着光亮，迸出天真！
清泉底浮动，泛流到水面上，
灿烂，
分散！

是谁笑得好花儿开了一朵？
那样轻盈，不惊起谁。
细香无意中，随着风过，
拂在短墙，丝丝在斜阳前
挂着
留恋。

是谁笑成这百层塔高耸，
让不知名鸟雀来盘旋？
是谁笑成这万千个风铃的转动，
从每一层琉璃的檐边
摇上
云天？

六月的风，带着清浅的时光，滋润着淡淡的花香。阳光温热，生着徐徐暖意，在这样的季节里，梦如天空中移动的浮云，在宁静中闪动着深情的目光。花也开始尽情地盛放，似乎要在岁月的美丽中燃烧自己。林徽因又开始和之前一样嫣然起来，时时处处都有着季节斑斓的色彩。种一朵花于心底，积一份素心怡然；生一丝从容于心底，积一份醇香温润。这又是一段生命中最开心的时光，可以在行走中写诗，可以在旅游中感受色彩，可以在戏剧的排演中明白人生。总之，一切悲伤都被快乐毫不留情地赶走了，一切忧愁都被阳光驱散了。

没课的时候，林徽因会约着梁思成、陈植等一干好友去室外采风，细细观瞻西方建筑，领略其独特魅力，尽情地用自己的笑容抒写人生的美好，并在淡然中赋予生活新的内容。

“思成，我觉得大学的时光不仅仅是学习，还要到处走走看看，你以为呢？”

“我们的前辈不是早说过吗？读万卷书，行万里路。如果都像我一样成天趴在书桌上绘图，最后也就是个绘图匠。我还是比较赞同你的观点，抓紧一切时间学习书本上的知识，也要学习现实中的知识。”

“就知道恭维我。”林徽因故意装作不屑。

梁思成却有些犯急了，他怕林徽因因此而不开心。

有时候，梁思成会在无意间和朋友谈起林徽因，说着说着就把自己内心的想法不经意地流露出来。没办法，林徽因就是一个让男生喜欢、令女生忌妒的人。但她自己却从来都不在乎这些，一直以超然的心境我行我素，用豁达的气度享受着生活。

那时，为了更好地了解西方建筑的特点，他们经常约上几个朋友一起乘车去周围的切斯特、蒙哥马利等地进行考察。

陈植也和其他男同学一样喜欢林徽因。起先他都是很高兴地接受两位朋友的邀请，可后来他慢慢地不愿意去了，林徽因问他原因，他也不说，只是找各种理由来搪塞。轮到梁思成来找他时，他才不好意思地说出实情。

“我可不愿意陪着你们看风景，那热情劲儿我受不了。”陈植是个实在人，这一句话倒让梁思成不好意思起来。确实如此，每次外出，他与林徽因两人有时谈兴一浓，不经意就将陈植冷落在一旁。大家都是好朋友，陈植也不能说什么，只好把失落憋在心底。

林徽因知道这事后，还主动找到了陈植道歉。那微笑中带着贴心，就像是对自己的家人一样。

“实在对不住啊，每一次都将你冷落了，要不我请你吃饭吧？”林徽因一本正经地说着，以其淡定带给了他愉悦。

“哈哈哈，我怎么也成了小心眼了。我毕竟和思成是不同的。下次你们去考察我还是要参加的，去给你做瞭望哨。”

在宾夕法尼亚大学的中国留学生中，陈植与林徽因的性格相似，都是那种风趣幽默的人，他们的到来，经常会受到大家的热烈欢迎。与陈植不同的是，林徽因更擅长社交活动，又能讲一口流利的英语，很快就打破了那种呆板的“拳匪学生”的称谓。所以这两个热闹的人一交流，彼此也就没有了任何隔阂。

话一说开，三个人又和好如初，从此，白兰地韦恩战场上留下了他们的足迹，拉德诺狩猎场上飞扬起他们的欢声笑语，就连校外高低交错的贫民窟中，都有着三人对于人生的叹息与感触。除了看不同的建筑，他们也会考察当地的风俗民情，然后一一记录下来，晚上回到宿舍后，重温白天的所见所闻，并巧妙地将它们融入设计图纸中。

林徽因虽然好学，但要将新奇的想象变成图纸却不容易，虽然她会一次次地加以完善，一遍遍地修改，可追求完美的她还是常常对自己的作品感到不满意。因此每到快要上交图纸的时候，梁思成就如同救兵一般出现在她面前。他也不多说话，只是悉心地捡起被丢弃的草图，用手细细抚平后摆放在桌面上，端详一阵子之后，才拿起笔，用他那准确、漂亮的绘图功夫，将林徽因那些天马行空的想法变成一张张清楚而整齐的作品。

每次帮助林徽因完成绘图后，梁思成从不会去夸耀自己，只是继续趴在桌前细看。这个时候的他，在林徽因眼中很有个人魅力，仿佛骨子缝里都透着男人味，那种内在的成熟与外在的稳重在无形中闪烁着自信。

“思成，思成。”林徽因轻声唤着他，他却完全投入图纸的细节之中。

林徽因又轻轻地推了推他的胳膊，他这才回过神来。

“怎么了？”

“你绘的图真好。”

“是吗？谢谢夸奖啊。对了，今天晚上你有安排吗？”

“怎么啦？”林徽因好奇地问。

“那最好能将你借给我，我想为你过个生日。”说到生日，林徽因才发现最近一段时间因为忙于课业和种种活动，连自己的生日都忘记了。不经意间，自己已经二十一岁了，二十一岁正是人生的黄金时代。李大钊曾说：“青年之文明，奋斗之文明也，与境遇奋斗，与时代奋斗，与经验奋斗。故青年者，人生之王，人生之春，人生之华也。”面对梁思成这个实在的人，她感觉到了一种无比的踏实。这样的感觉是真实的，却也让她一眼就看到了遥远的未来，那分明就是自己安稳的爱情。

“谢谢你，还记得我的生日。”林徽因脸色绯红地低声说道。

“不能老是当书呆子啊，从今天开始，我再也不会忘记这个神圣的日子了。”这一句话说得随便而又感人，林徽因将自己的身体朝着梁思成斜斜地倚靠了些许。

1925年9月20日，上海的《图画时报》第268号杂志出刊发行，头版刊登的人物竟然是林徽因。她明眸皓齿，顾盼生辉，露出如花的微笑，尤其是那张《齐德拉》的剧照，更是美丽成熟。“所谓美人者，以花为貌，以鸟为声，以月为神，以柳为态，以玉为骨，以冰雪为肌，以秋水为姿，以诗词为心。”而照片下方配的文字更是充满赞誉之词：

> 林徽因女士为林长民先生之女公子，明慧妙丽，誉满京国。精通中英文，富美术思想。平居无事，辄喜讲求家庭布置之方。小至一花一木之微，亦复使之点缀有致。前在北京，曾就培华女校习英文音乐各科。民九远航间，留学英京，入圣玛丽学院。逾年内渡，转学北美，专习建筑图案，尤注意于戏台构置。首往纽约省之漪瑟城，入康宾山大学，继往飞飞城，入宾省大学。诚以欧美诸邦专才辈出，剧场建筑不独以工程坚固，陈设华丽见称。举凡美术兴趣、历史观感，随处流露，无往不足引人入胜，以视我国剧场，洵有天渊之别，不可同日语也。将来女士学成归来，必可以贡献于国人者。

这样的消息传来，更加催促着林徽因对于戏剧的喜好与投入，她甚至考虑要在读书期间书写出一部感人至深的戏剧。而梁思成依然埋头读书，一心扑在与建筑有关的钻研中，希望回国后能够有所用处，而这样如饥似渴的状态，让他一度成了同学眼中的“狂人”。图书馆去得多了，梁思成眼前豁然开朗起来，同时也发现，在这浩瀚的书海之中，几乎看不到介绍中国建筑的书籍，由中国人撰写的，关于中国建筑的书籍也很少。除了遗憾和惋惜之外，他只能想办法拼凑这些零散的知识碎片，然后再重新加以系统地整理。

“徽因，最近学习西方建筑，更加滋生了我对东方建筑的好奇与向往。之前，我只怕自己成了绘图的匠人，现在我要立志研究中国建筑了。”

“在中国匠人眼中，建筑永远不是西方人认为的艺术，而是一种政治观念的表现，并且要融皇权、礼制等在其中，更加体现出了庄重、华丽。你说的研究东方建筑，我认为不论是作为国粹的发扬，还是作为一门技艺的传承，都是非常好的事，以后我就做你的助手好了。”

“我们一起研究考察吧，互为助手。”

这个时候，两个人真正体会到了相同爱好所带来的乐趣。正如梁启超在信中对孩子们的希冀一样：

> 莫问收获，但问耕耘。将来成就如何，现在想他则甚？着急他则甚？一面不可骄盈自慢，一面又不可怯弱自馁，尽自己能力做去，做到哪里是哪里，如此则可以无入而不自得，而于社会亦总有多少贡献。我一生学问得力专在此一点，我盼望你们都能应用我这点精神。

父亲的鼓励和林徽因的支持，让梁思成不断汲取着知识的养料，扩大着自己的眼界。

在外求学的日子一天天过去，林徽因发现自己已经有一段时间没有收到父亲的来信了。她想着父亲成天忙于自己的事业，便先后去了几封信，结果都是石沉大海，有去无回。敏感的她不由得有些担心，便不停地去邮局问讯，但每次都是无功而返。

林徽因了解自己的父亲，她知道父亲心中始终有着很高的政治抱负，只怕有志不能报国，所学不能致用。这些年他一直在寻找机会想一展政治才华，却屡遭打击。先是反对国民党彻底革命，却让袁世凯称帝打破了幻想。之后虽然受命担任北洋政府司法总长，结果却因段祺瑞下野，任职仅三个月就随着内阁解散而下台，自称“三月司寇”。好不容易等到段祺瑞复出，他被委任为国宪起草委员会委员长，本想着可以放开手脚做一番事业，却又遇到冯玉祥和曹锟两派斗争，林长民只得带着编撰好的《草宪便览》去往奉天，做起奉军将领郭松龄的幕僚。

令人忧心的消息不断从大洋彼岸传来。这天从市场回来，林徽因思虑片刻后，提笔给梁启超写信询问父亲的现状。

信很快就有了回音，是梁启超写给梁思成的。

我现在总还存万一的希冀，他能在乱军中逃命出来。万一这种希望得不着，我有些话切实嘱咐你。

第一，你要自己十分镇静，不可因刺激太剧，致伤自己的身体。因为一年以来，我对于你的身体，始终没有放心，直到你到阿图利后，姐姐来信，我才算没有什么挂虑。现在又要挂虑起来了，你不要令万里外的老父为着你寝食不宁，这是第一层。徽因遭此惨痛，唯一的伴侣，唯一的安慰，就只靠你。你要自己镇静着，才能安慰她，这是第二层。

第二，这种消息，谅来瞒不过徽因。万一不幸，消息若确，我也无法用别的话解劝她，但你可以将我的话告诉她：我和林叔叔的关系，她是知道的，林叔的女儿，就是我的女儿，何况更加以你们两个的关系。我从今以后，把她和思庄一样的看待，在无可慰藉之中，我愿意她领受我这种十二分的同情，度过她目前的苦境。她要鼓起勇气，发挥她的天才，完成她的学问，将来和你共同努力，替中国艺术界有点贡献，才不愧为林叔叔的好孩子。这些话你要用尽你的力量来开解她。

这封信令林徽因惶惶不可终日，生怕父亲有个三长两短。尽管期间也生出过回国的念头，只是她是半公费性质的留学生，来回折腾难免又会有许多破费，思前想后只能等待。

梁启超的消息很快又传来：

初二晨，得续电又复绝望。昨晚彼中脱难之人，到京面述情形，希望全绝，今日已发丧了。遭难情形，我也不必详报，只报告两句话：（一）系中流弹而死，死时当无大痛苦。（二）遗骸已被焚烧，无从运回了。……

林徽因不清楚自己是如何昏过去的，那页信笺是如此沉重，重得如山一般压着她。她感觉自己就像是一片孤苦伶仃的落叶，在无尽的凄凉中再也看不到花儿绽放的美丽，只有旧梦还在，似乎在静静地等待着他的到来。

那些天里，她只要想起父亲，就会忍不住流泪。那个和蔼的父亲从此再也见不到了，而自己眼前也纯粹是黑夜一样的黑了。叔叔林天民这时也寄来了信和报纸。林徽因从那些报纸上了解了父亲亡故的详细经过，望着报纸上的黑白照片，此时的自己与父亲已不是身隔大洋，而是阴阳两隔。她不知道如何表达自己的悲痛情绪，只觉得自己生平第一次这般无助。随着泪水打湿信笺，淡淡的墨逐渐洇湿开来。而她从此只能在回忆中依偎，在文字中感受以往的气息。

面对这个噩耗，梁启超意味深长地写下了这样的挽联来怀念自己的朋友：

天所废，孰能兴，十年补葺艰难，直愚公移山已；均是死，容何择，一朝感激义气，竟舍身伺虎为之。

好友胡适也是哀叹上天的不公，说道：“他那富于浪漫意味的一生就成了一部人间永不能读的逸书。”

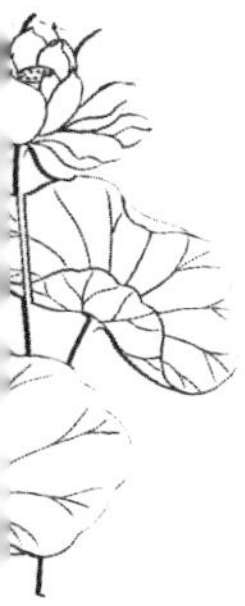

第五章

用一生回答

两情相悦

人来到这个世界上，就是为了承受各种苦难。

父亲的不幸去世，让林徽因感觉自己的世界塌了半边天。她再也不能像过去那样无忧无虑，必须要在生活中学会坚强。母亲也来了电报，说是父亲走得太急，家里眼下只有现金三百元，现在家中生活以及她的学费都成了亟待解决的问题。

林长民一生不恋钱财，只关心政治，自然没有太多的积蓄和固定财产。如今，他已撒手人寰，可是身后却还有一大家子的人，大树一倒，没有了主心骨的大家庭就乱成了一锅粥。没过多久，林家就发生了变故，林徽因的二娘带着自己的孩子直接回了福建老家，只留下母亲一人空守着北京的宅院。这样的消息如同阴霾一般笼罩着林徽因，让她无法喘过气来，只感觉自己掉入了万丈深渊，带着绝望与不甘，她一直在挣扎，想要抓住任何一点星光向上爬。

没有多少人知道林徽因此时的困顿与艰辛，只有梁思成如同心灵深处透出来的一丝光亮，悄无声息地带着她穿越厚厚的云层。那似水如风的光亮带着对往事的记忆，带着斑驳流年的回眸，在期盼中为她打开了一扇窗。

站立窗前，风轻云淡，而最美的风景却被生活中的挫折全然遮掩。从此，林徽因整天待在宿舍里读书、绘图，用文字不断地书写着自己的内心成长和经历。作为家里的长女，她清楚自己不仅要完成学业，而且还要找到一份工作，承担起照顾家庭的重任。

丈量人性的是付出。从前那个光彩照人的林徽因消失了，变成了一个对自己苛刻的人，梁思成看在眼里，急在心上，他只能慢慢开导林徽因，细心地呵护她，用自己无怨无悔的守候去等待她的情绪好转。

如果说青春是一场梦，那这场梦或多或少都带着痛苦。林徽因不知道自己该何去何从，而所有的委屈也只能在独处时才能发泄。真正的痛苦不是流泪，而是藏在心底深处的孤独。以至于好多年后，当她想起那段面目全非的往事时，还会感到那种无法承受的痛苦。林徽因情愿相信这一切都是虚幻的。

在那段痛苦的日子里，只有梁思成的陪伴是真实的。他用心听林徽因讲述着内心的感触，也曾想尽办法让她从这种痛苦的环境中走出来。小草的力量虽有限，可它同样会带来春天。梁思成的陪伴与开导确实使林徽因明白了许多事，也知道了她在这个世界上其实并不孤独。

除了梁思成全身心的陪伴外，梁启超也将林徽因视为己出。他在写给梁思成的信中说：“学费不成问题，只算我多一个女儿在外留学便了。”为了不让林徽因感到不安或者为难，某种情况下，梁启超对林徽因的付出几乎要甚过对自己的儿女。除了操心两个孩子在外的开销，平日里还要接济林家，这些情真意切都是林徽因所没有想到的。

为了林家，梁启超也是想尽了办法。其实，当时梁家的经济状况并不是很好，也是“对付一天是一天，明年再说明年的话”。但为了让两家渡过眼前的难关，梁启超联系身边的朋友们，大家出主意、想办法，积极为帮扶林家成立“抚养遗族评论会”，想通过筹款解决当下的燃眉之急。他给朋友写信说：“彼身后不名一文，孀稚满堂，饘粥且无以给，非借赈金稍微接济，势且立濒冻馁。”不过这件事最终因为钱款有限而不了了之，但这份恩情却让林徽因终生感激不尽。

日子就这样一天天地流转着，既然变幻是生命中永恒的主题，那么在岁月中以不变应万变，总会抚平那些隐痛。

到了年底，林徽因的气色已经恢复了过来，她约着梁思成又到了校园后边的山坡，如同上次祭拜梁母的流程一样，朝着故乡的方向进行了简单的悼念仪式。在微妙的神情中，彼此的手牵到了一起，从此以后，他们要学着面对人生的种种境况。

经历过离殇的痛苦，才会有翩然的风采。林徽因不想辜负梁启超的关爱，也不想辜负梁思成的那片赤诚之心。在纷呈的世相中，她又如莲花般盛放开来。

繁花落尽，平淡为真。

转眼间，在宾夕法尼亚大学的校园生活只剩下一学年的时间了，林徽因和梁思成的关系进展得非常顺利，就连回到加拿大的梁思顺也对此感到高兴。自从母亲去世后，她也对自己曾经的武断进行了反思，旋而以慈母之心来看待弟弟的爱情。这一转变，也让梁启超从压力中稍微喘过气来。他在信中说："思顺对于徽因的感情完全恢复，我听见真高兴极了。这是思成一生幸福关键之所在。"

心情有所好转，林徽因又开始忙起了自己所热衷的戏剧。"中华戏剧改进社"的氛围非常好，很容易让人忘记不开心，而且大家又都忙于排演，致力于把中国戏剧在海外发扬光大，所以经过几次试演后，林徽因更是发自肺腑地喜欢起这个社团来。为了准备诗剧《琵琶记》的公演，林徽因更是主动参与到场景的设计与布置中，此剧由梁实秋扮演蔡中郎，冰心扮演牛小姐，谢文秋扮演赵五娘，顾一樵扮演牛丞相。那次演出确实出乎大家的意料，并在校园中掀起了一场戏剧热。

除了参与"中华戏剧改进社"的活动，林徽团最喜欢的事情就是与梁思成约会。

但每次约会，她总免不了要收拾打扮一番，因此常常让梁思成一等就是半个多小时。为此，梁思成的弟弟梁思永还专门做了副对联调侃二人，上联是"林小姐千装万扮始出来"，下联是"梁公子一等再等终成配”，横批是“诚心诚意”。

饶是调侃，却把这对恋人的心态写得活灵活现。沉醉于幸福之际，林徽因听说老朋友胡适要来纽约访问，便力邀他来宾夕法尼亚大学演讲。

老朋友见面，自然少不了寒暄。在轻松而有趣的聊天中，彼此又不经意地谈到林徽因的父亲林长民。胡适先是感慨人之情长，而后又叹人生苦短，唯一的遗憾是没有说服林长民动笔写下自传，从而让中国纪实文学失了许多颜色。面对如此深情的怀念，林徽因感动得泪流满面。见到这般情形，胡适只好转换话题，讲了讲国内的局势，又谈了谈国内文坛和亲友们的情形，最后，话题转到了徐志摩身上。

1924年，徐志摩爱上了有夫之妇陆小曼。陆小曼的前夫王赓毕业于清华，曾留学美国西点军校，和徐志摩原是好友。为与徐志摩在一起，陆小曼在1925年底与王赓离了婚。1926年10月，徐志摩与陆小曼在北海公园的快雪堂举行婚礼。这段婚恋在当时可谓惊世骇俗，用郁达夫的话来说：“忠厚柔艳如小曼，热烈诚挚若志摩，他们遇合在一道，自然要发放火花，烧成一片了。哪里还顾得到宗法家风？”

胡适还告诉林徽因和梁思成，徐志摩的前妻张幼仪至今仍带着孩子与徐志摩的父母生活在一起。徐志摩的父母要求儿子，如果和陆小曼结婚，必须请梁启超证婚。而梁启超本不赞成徐志摩的行为，还是胡适和张彭春再三前去劝说，才最终出席了婚礼。

聊及此事，林徽因不禁想起了去年梁思成收到的一封家书：

我昨天做了一件极不愿意做之事，去替徐志摩证婚。他的新妇是王受庆夫人，与志摩恋爱上，才和受庆离婚，实在是不道德至极。我屡次告诫志摩而无效。胡适之、张彭春苦苦为他说情，到底以姑息志摩之故，卒徇其请。我在礼堂演说一篇训词，大大教训一番，新人及满堂宾客无一不失色，此恐是中外古今所未闻之婚礼矣。今把训词稿子寄给你们一看。青年为感情冲动，不能节制，任意决破礼防的罗网，其实乃是自投苦恼的罗网，真是可痛，真是可怜。徐志摩这个人其实聪明，我爱他不过，此次看着他陷于灭顶，还想救他出来，我也有一番苦心。老朋友们对于他这番举动无不深恶痛绝，我想他若从此见摈于社会，固然自作自受，无可怨恨，但觉得这个人太可惜了，或者竟弄到自杀。我又看着他找这样一个人做伴侣，怕他将来苦痛更无限，所以想对于那个人当头一棒，盼望他能有觉悟，免得将来把志摩累死，但恐不过是我极痴的婆心便了。……

附：梁启超在徐志摩、陆小曼婚礼上的训词：

志摩、小曼皆为过来人，希望勿再做过来人。徐志摩！你这个人性情浮躁，所以在学问方面没有成就，你这个人用情不专，以致离婚再娶。陆小曼！你要认真做人，你要尽妇道之职。你今后不可以妨害徐志摩的事业。你们两人都是过来人，离过婚又重新结婚，都是用情不专。以后要痛自悔悟，重新做人！愿你们这是最后一次结婚！

平淡的爱才能够长久。自己到底是喜欢火样的激情，还是爱稳重安全的陪伴？到底是喜欢那点点泛爱的微光，还是看重携手共进的追求？而今，林徽因的回首，已不再是少女的情怀和记忆，也不再是那种慌乱和不安，而是一种美丽而又坚强的诀别。

林徽因在后来与胡适的通信中，谈及自己与徐志摩当年的那段情感："旧的志摩我现在真真透彻地明白了，但是过去的，算过去，现在不必重提了，我只求永远纪念着。"

自从父亲离开以后，她深深地感受到梁思成的陪伴与呵护，在灵魂的成长中，只想为他努力优雅，甚至凋零。从这一刻开始，决绝孤傲的林徽因更加坚定了自己的想法，要在岁月的流淌中为了真正的爱情，如同飞蛾一样去扑向那最幸福的火光。

1927年，林徽因与梁思成也结束了在宾夕法尼亚大学的学习，梁思成在2月拿了建筑学士学位，7月获得硕士学位。而林徽因也以高分获得美术学士学位，原本四年的学业只用了三年就已完成。之后，梁思成以"研究东方建筑"为由向哈佛大学的人文艺术研究所递交了入学申请，并最终被顺利录取。而林徽因则进入了耶鲁大学戏剧学院，跟随著名的G. P. 帕克教授学习舞台设计，这使她成为中国第一个在国外学习现代舞台美术的女留学生。

生活终于给了大家一个喘息的机会，梁启超也在此时为两个孩子操办起了婚事，不论是国内传统的订婚仪式，还是按西方风俗举办的婚礼，这位父亲可谓事无巨细，一一拟订了详细的计划。

1927年12月18日，双方家人在北京举行了订婚仪式。梁启超在给梁思成和林徽因的信中，难掩自己的喜悦之情。

> 这几天为你们的聘礼，我精神上非常愉快……今天的北京家里典礼极庄严热闹，天津也相当的小小点缀，我和弟弟妹妹们极快乐地玩了半天。想起你妈妈不能小待数年，看见今日，不免起些伤感，但她脱离尘恼，在彼岸上一定是含笑的。

1928年3月21日，梁思成携手林徽因步入渥太华总领事馆，完成了结婚登记。这个日期的选定有着梁启超的良苦用心。原来一千多年前的这一天，正是北宋朝廷为工部侍郎李诫（《营造法式》作者）立碑刻石的日子，可以说，选择这个日子既是为了纪念故去的建筑大师，也是希望梁思成与林徽因二人能够在国家的建筑史上留下辉煌的一笔。

两情若是久长时，又岂在朝朝暮暮。经过了九年的漫长时光，这两个人的关系终于在风雨坎坷中稳定了下来，就像是一座为人所居的建筑，经过斗拱和榫卯的装饰与连接，开始彰显出因天时、就地利的精巧构造，完美无缺。

林徽因自然是聪慧的，因为她最终放弃了一首充满激情的诗，而选择了一栋可以遮风避雨的房子。从这样的情形来看，梁思成这个书呆子不但能造稳固的房子，还能运用自己的匠心独具来赢得林徽因的倾慕。

交织的灵魂

一年之中，什么季节最美？

若说最美，莫过于草长莺飞的春日。

又是一年三月天，真的是无法想象春风到底有多大的力量，很快就让沉睡了一冬的生命陆续醒却过来，举目望去，就连那些平日里荒芜的田间地头，也是盈盈地交错着黄绿，在春雨的滋润下变得美不可言，伴着远处氤氲的气息，只让人感觉这分明就是世外桃源，而不是车水马龙的人间。

位于安大略省东南部的渥太华是加拿大的首都，也是一个多元化、有着较高生活水平的城市。这座城市坐落在有许多小山丘和河谷交错的平原之上，周围被加拿大地盾构造的岩石群落包围着，远看就像个天然的盆地。气候湿润，林木繁多，生活在这里的人们是幸福而知足的。

最近一段时间，林徽因和梁思顺相处得空前地好。梁启超将梁思成与林徽因的婚礼定在渥太华举行，正是希望能由大女儿梁思顺和女婿周希哲为他们操办。

> 我主张你们在坎京行礼，你们意思如何？我想没有比这样再好的了。你们在美国两个小孩子自己实张罗不来，且总觉得太草率，有姐姐代你们请些客，还在中国官署内行谒祖礼，才庄严像个体统。婚礼只在庄严不要侈靡，衣服首饰之类，只要相当过得去便够，一切都等回家再行补办，宁可节省点钱作旅行费。

按父亲的嘱托，梁思顺为了办好弟弟这场婚礼，成天琢磨着婚礼的每一个细节。林徽因也忙个不停，当然她考虑最多的还是如何将自己最美好的一面展示出来。虽然受了近四年美国文化的熏陶，可林徽因在自己人生的这一重大时刻却不愿穿西式的白婚纱。那时的渥太华根本找不到中国传统的凤冠霞帔，于是她就自己缝制出了一套东方特色的婚礼装，衣服的领口、袖口都配了宽条彩边。当这位漂亮的新娘走进众人的视线时，人们都惊呆了，那高雅、端庄、秀美，映衬着林徽因独特的韵味。仿佛她不是活在世间的凡人，而是可以倾倒众生的仙子。

人间三千事，淡然一笑间。

泰戈尔曾说："当一个人微笑时，世界便会爱上他。"三毛也说："我笑，便面如春花，定是能感动人的，任他是谁。"确实，当林徽因带着微笑出现在婚礼现场时，无需太多的言语，仅她那含情的眼神就已经拉近了与梁思成的心的距离。两个人越走越近，仿佛找了许久，才发现最合适的那个人其实一直就在身边。

人生百味，情最浓；人生繁华，淡最真。

悠扬的乐声中，林徽因缓步走到梁思成面前，脸上洋溢着满足和幸福，甜美的笑容中带着欢快。当梁思成牵起她的手时，也忍不住激动地问道："徽因，是你吗？"

一季花开，一世倾城。

当他们二人在牧师的主持下，在亲朋好友的见证下完成了结婚仪式时，林徽因不禁激动地流下热泪，她遗憾自己的父亲不能见证自己的幸福时光。

雷鸣般的掌声响了起来，动人不已。望着大家祝福的神情，梁思成和林徽因知道，他们甜蜜的人生旅程从现在开始了，耳边响起了那句"无论贫富或者疾病，我都会爱着并珍惜你，至死不渝"。

姐姐梁思顺也感动得流下了泪水，自从冰释前嫌之后，她对林徽因有了更多的了解，更加佩服起父亲和弟弟的坚持，也后悔自己曾经的种种举动。当这对新人走到梁思顺的面前，想要感谢她辛苦操持婚礼时，她一边拭泪，一边攥着林徽因的手，四目相对却说不出一句话来。

那一刻，梁思成的内心才变得释然起来。

梁思成想了许久的一句话，终于在这时问出了口：“有一句话，我只问一次，以后都不会再问，为什么是我？”

林徽因则答道：“答案很长，我得用一生去回答你，准备好听我说了吗？”

能用一辈子去诠释一段爱情，这样的感情一定是慎重、持久的。

婚后，梁思成和林徽因二人接受了父亲梁启超的建议，准备来一场与建筑考察有关的旅行。为了计划好路线，老人也是煞费苦心，几次在信中提到自己的盘算。

> ……我替你们打算，到英国后折往瑞典、挪威一行，因北欧极有特色，市政亦极严整有新意，必须一往。由是入德国，除几个古都市外，莱茵河畔著名堡垒最好能参观一二。回头折入瑞士，看些天然之美，再入意大利，多耽搁些日子，把文艺复兴时代的美，彻底研究了解。最后便回到法国，在马赛上船……中间最好能腾出时间和金钱到土耳其一行……

> 今寄去名片十数张，你到欧洲往访各使馆时，可带着。投我一片，问候他们，托其招呼，当较方便些。你在欧洲不能不借使馆作通信机关，否则你几个月内不会得着家里人

只字了。你到欧后，须格外多寄些家信，令我知道你一路景况。

于是，这两个心怀欢喜的人开始了他们的欧洲之旅。

他们的第一站选择了古老的日不落帝国——英国。虽说这并不是二人第一次结伴远行，可这次的感觉却大为不同，谈笑之外，他们更多了些对未来生活的种种设想。对于林徽因来说，还有着故地重游的迫切与期待。

怀旧空吟闻笛赋，到乡翻似烂柯人。恍然之间，时光已过去了八年，真有种物是人非的感觉。那时十六岁的林徽因，对于陌生的英伦充满着好奇；而今再次看到这些风格迥异的建筑，更多的时候是以专业的眼光，在建筑风格中探寻文化、历史等内涵。

被誉为古典主义建筑纪念碑的圣保罗大教堂是他们最先拜访的一座圣殿。

“徽因，从泰晤士河上看这座教堂，你有什么感觉？”

“这教堂让我想起了歌德的一首诗：‘它像一棵崇高、浓荫广覆的上帝之树，腾空而起，它有成千枝干，万百细梢，叶片像海洋中的沙，它把上帝——它的主人——的光荣向周围的人们诉说。直到细枝末节都经过裁剪，一切于整体适合。看啊，这建筑物坚实地屹立在大地上，却又遨游太空。它们雕镂得多么纤细啊，却又永固不朽。’”

一听到林徽因引经据典，梁思成也来了精神，他抬头又望了望大教堂，似乎在对应着那诗中的形象。过了一会才说：“它并非一座人间建筑，它是人与上帝对话的地方。它像一个传教士，也会让人联想起《圣经》里救世的方舟。”

这两个人哪里是在对话，分明就是在用文字调情，一字一句都能挑起令人亢奋的情绪。太阳的照耀下，这如同十字架一样的建筑，让人看不到任何的严肃，只是一处春日里的胜景。

接下来，他们还游览考察了威斯敏斯特宫、“东方哥特式”的布莱顿行宫等建筑。其中，水晶宫尤其令他们难忘，面对这座铁架建构、全玻璃面材的新式建筑，林徽因这样写道：“从这座建筑上，我看到了引发起新的、时代的审美观念最初的心理原因，这个时代里存在着一种新的精神。新的建筑必须具有共生的美学基础。水晶宫是一个大变革时代的标志。”

离开伦敦时，林徽因已全然没有上次那种痛不欲生的感觉了。人生需要浪漫，也需要现实。现在，她的所有感觉是踏实的、安稳的，有着浪漫带来的激情，有着生活中不经意而起的惊喜，有着无比美好的感觉。

之后，德国的爱因斯坦天文台、德累斯顿萃莹阁宫、柏林宫廷剧院、乌尔姆主教堂、科隆主教堂都令他们大饱眼福，而瑞士迷人的自然风景则让他们感到了全身心的放松。

到了意大利后，二人明白了父亲为何在信中劝他们在此“多耽搁些日子”。尼亚迪斯喷泉、马可奥里略圆柱、玛尔斯广场的方尖碑、圣彼得教堂、西斯廷教堂……古罗马的建筑呈现出了令人震惊的宏伟壮丽，每座建筑都有它自己的风格，却又与其他建筑相得益彰。

在米兰大教堂前，林徽因突然喜欢上了教堂的环形花窗。在这片如同森林的建筑群当中，花窗与一个个耀眼的尖塔比较起来，并不起眼，与一座座神采奕奕的精美雕像相比，在做工和设计上也有差距，但斑斓的色彩和丰富的图案却令人不得不驻足观望。

雄伟的建筑配以这样美轮美奂的花窗，于庄严中多了柔和与灿烂。阳光从其中穿过，便折射出炫彩的梦幻来。在教堂神圣的氛围中，这花窗更像是苍穹下的一双眼睛，在注视着芸芸众生，又将所有的美丽、肃穆都融入了虚幻之中。

“思成，你看这玫瑰形的花窗，经过艺术线条的勾勒之后，给人感觉更加神秘，而且格调也是与众不同，始终有着一种神圣感。但丁在诗中也说过，玫瑰象征着极乐的灵魂，在上帝身边不断放出芬芳，歌颂上帝。现在看来，这花窗就像精灵，在若隐若现中点缀着教堂的细节，让人充满了无限的向往。”

“就是，那玫瑰的叶子更像是被拯救的心灵，在梦幻的迷离中释放着绚丽和张扬。其实作为哥特式教堂的特色象征，玫瑰花窗既华贵炫目，又高贵优雅。玫瑰花窗象征着天堂，有着上帝之眼的美誉。在光影交织之中，让人心心相融，这样的携手便是砥砺一生的相守。”

说者有心，听者有意，当两人于不经意中相视而笑时，这样的默契也只有你知我知了。

对于放眼看世界的年轻人来说，任何新鲜的事物都可能会在心底生出波动。他们会在成排的菩提树下，想到北海公园的自然之美；会在威尼斯的船上，想起秦淮河上的灯影清唱。

而罗马角斗场则以另一种悲壮震撼着他们。夕阳下，这座古竞技场气势恢宏，映着火红火红的云朵，似乎要燃烧起来。手抚着一块块齐整而又冰凉的石条，除了震撼得让人喘不过气之外，不难想象数千年前的这里，一场场人与人、人与兽之间的残酷格斗和厮杀是如何的惊心动魄，又是如何的惨不忍睹。林徽因的耳边仿佛响起了铺天盖地的呐喊声，夹杂着原始而又野蛮的尖叫，那是一场凄凉的格斗，让人心绪如同海潮一样汹涌。

“不能不说，人类是伟大的。这些华美的建筑之所以经典隽永，无不是因为非凡的生命。知道吗？古罗马有很多灿烂的文明，当时为了取悦凯旋的士兵和赞美伟大的帝国，强迫八万俘虏和奴隶用了十年时间，才修建成这个可以容纳八万人的角斗场。现在来看，除了我们认为的劳民伤财之外，还有着尚武的情怀在其中。”梁思成说着自己对于建筑和雕塑的见解。

“真的是无法想象，人们的欢呼到底是庆贺的喜悦还是发自内心的冷漠。难道运用人类智慧建成的场所，只是为了在这里上演你死我活的戏码？”她的情绪中透着无比的失落与愤慨，脸上的笑容也渐渐消失。

“你说的没错。作为建筑，这只有大半个骨架的古竞技场在建筑史上堪称典范，也可以当之无愧地成为罗马的代表，因为这之中始终不乏勇气和力量，也可以说这里见证了角斗士们的人生传奇。”

罗马、米兰、威尼斯，庞贝古城、罗马角斗场、卡必多山上的建筑群、麦西米府邸和维晋察的圆厅别墅、米兰大教堂、圣马可广场……古罗马艺术、拜占庭艺术、哥特式艺术和文艺复兴艺术在这些城市和建筑里交相辉映。

离开意大利后，林徽因与梁思成走水路，经马赛上岸，沿罗纳河北上，前往法国。

二人到了浪漫之都巴黎后，才体会到这里的罗曼蒂克是如何融合着生活的味道的。仅仅就建筑来说，法国的代表建筑凯旋门，无论是线条还是外观，都在不断地撞击着他们的心灵。细细读着代表出征、胜利、和平、抵抗等内容的浮雕，很快就能将它们与生活的细节相融，进而引发出心灵的共鸣。即便这样，法国的建筑师们还不忘将浪漫主义色彩融入其中，从而造就了这座“伟大的雕塑”。

林徽因一下子就被这座建筑迷住了，她催促着梁思成为自己支好画架，立即投入到描绘中。在她眼里，凯旋门就是一个巨大的轴心，辐射出数条宽阔的街道。绘画时，周围时而会有人停下来观看、评论，而投入其中的林徽因却无心留意这些，她只想用自己的笔真实、出色地表现出眼前的美景。梁思成则在一旁不断地用相机从不同的角度拍摄建筑，希望留下美好的影像。当然，在他的镜头里，自然也留下了林徽因专注绘图的身影。

认真的神情总是让人觉得很美。梁思成无意中想到了此前，自己在绘图时，林徽因在一旁静静观察的情景。而今，她已经不再觉得建筑物只是死气沉沉的堆砌，而是贯穿灵魂的美学理想。

接下来的行程中，林徽因又将埃菲尔铁塔、卢浮宫、香榭丽舍大街、凡尔赛宫等景观，一一纳入自己的世界中。很多时候，她为了能够有更多的时间考察，常常会忘记吃饭喝水，梁思成反复提醒后，她才恍然想起这一天又没怎么吃东西。可就是这样，她仍然乐此不疲地写着、画着，只有到了晚上，他们才会真正让自己放松下来，听听音乐，喝点红酒，谈谈自己一天的收获与感想。

“我觉得回国后，我们可以好好研究一下中国古代的建筑。”

“是。经过这一路的考察，发现我们要做的事情还有很多。”

风轻轻地吹着，这样的旅行既精彩又让人着迷。欧洲的经典建筑，让他们体会到了建筑艺术的博大精深。这是一次空间的穿越，更是一种真正意义上的学术游历。

等到二人回到国内时，已经是8月了。

最好的时光

1928年8月中旬，梁思成与林徽因终于结束了欧洲之旅，回到了祖国。

从二人婚后踏上旅途的那天起，梁启超就格外关注这对新人的行踪，虽说他们一路上不能通过信件一述心中所想，可他还是嘱咐梁思成每到一个国家后，都要发张当地的明信片回来，报平安的同时也可以让家人心游神往一番。当梁启超收到梁思成即将回国的明信片时，便迫不及待地让家人收拾房屋，准备各种日常物品，那忙碌的情形就如同过年一样。

这个时候，梁启超的身体已是大不如前，但他还是坚持亲自检查督促。梁思成和林徽因回到家时已是夜半时分，却发现大厅的灯还亮着，上前去看时才发现一大家人都在等着他们，内心顿时万分感动。

在二人回国之前，梁启超就时常在信中提起他们以后的职业。

你们回来的职业，正在向各方面筹划进行，一是东北大学教授，一是清华学校教授，成否皆未可知，思永别有详函报告。另外还有一件“非职业的职业”——上海有一位大藏画家庞莱臣，其家有唐画十余轴，宋元画近千轴，明清名作不计其数，这位老先生六十多岁了，我想托人介绍你拜他门，当他几个月的义务书记，若办得到，倒是你学问前途一个大机会。你的意思如何？亦盼望到家以前先用信表示。你们既已学成，组织新家庭，立刻须找职业，求自立，自是正办，但以现在时局之混乱，职业能否一定找着，也很是问题。我的意思，一面尽人事去找找，找得着当然最好，找不到也不妨，暂时随缘安分，徐待机会。若专为生计独立之一目的，勉强去就那不合适或不乐意的职业，以致或贬损人格，或引起精神上苦痛，倒不值得。一般毕业青年大多数立刻要靠自己劳作去养老亲，或抚育弟妹，不管什么职业得就便就，那是无法的事。你们算是天幸，不在这种境遇之下，纵令一时得不着职业，便在家里跟着我再当一两年学生（在别人或正是求之不得的），也没有什么要紧。所差者，以徽因现在的境遇，该迎养她的娘才是正办，若你们未得职业上独立，这一点很感困难。但现在觅业之难，恐非你们意想所及料，所以我一面随时替你们打算，一面愿意你们先有这种觉悟，纵令回国一时未能得相当职业，也不必失望沮丧。失望沮丧，是我们生命上最可怖之敌，我们须终身不许它侵入。

《中国宫室史》诚然是一件大事业，但据我看，一时很难成功，因为其建筑十九被破坏，其所有现存的，因兵乱影响，无从到内地实地调查，除了靠书本上的资料外，只有北京一地可以着手。所以我盼望你注意你的副产工作——《中国美术史》。这项工作，我很可以指导你一部分，还可以设法令你看见许多历代名家作品。回来时立刻得有职业固好，不然便用一两年工夫，在著述上造出将来自己的学术地位，也是大佳事。

起先他最看好的还是清华学校，可当时的清华处于南京国民政府大学院和外交部的争抢之中。在无休止的争执中，时任校长干脆辞职离去，于是整个大学处于无人管理的混乱状态。至于梁启超关于增设建筑图案讨论的建议，也只能眼看着成为泡影。考虑到梁思成与林徽因未来的发展，梁启超又推荐两人去正在四处搜罗人才的东北大学。

能够作为新兴学科的带头人，梁思成和林徽因觉得去东北大学也是个不错的选择。而此时的东北，正由张学良主政，很多思想观念较为超前，而且他还听从了梁启超的建议，为二人在工学院特别开设了建筑系。

即将离开北平（此时北京已更名为北平）去东北大学报到了，梁思成才发现父亲较以往又老了许多，满脸写着沧桑，鬓角又添了几许花白，就连走路也没有以前那么精神了。他此时真想陪在父亲身边，尽尽做儿子的孝心。梁启超自然看出了梁思成的想法，却只是劝慰着他和林徽因早些去学校展开工作。

离开北平前，林徽因曾紧紧攥着梁启超的手："父亲，您要注意保重身体，不要再为儿女的事情劳心，我和思成会照顾好自己的。"

1928年秋，东北大学建筑系首届招收了一个班的学生，刚开始，建筑系只有梁思成和林徽因两位教师。建筑学在当时的中国也是一门新兴的学科，面对着如饥似渴的学生，那些时日他们真是既辛苦又幸福。为了提高教学质量，二人在教学中大胆地引进了欧美教学方法。面对英文教材，很多学生已表现得十分吃力，而要用英文来完成实习报告，就更是头疼不已。于是，林徽因除了教授《美术装饰史》外，还担任《专业英语》课的教师。不仅如此，外出参观考察的教学任务也时常落在她的身上，拥有多民族文化融合架构的沈阳故宫和独特建筑布局的清昭陵都是她常用的"教具"。

这样的生活充实而又紧张，往往也只有到了夜深人静之际，忙碌了一天的两个人才有时间聊聊别的事情。不管怎么说，东北大学给了他们展示才华的舞台，在国外学到的所有知识，在这里都可以得到淋漓尽致的发挥，而学生们也逐渐对这门"盖房子"的学科产生了浓厚的兴趣，以至于许多年之后，中国近现代建筑大师刘鸿典、刘致平等人，依然还清晰地记得系主任梁思成开学前的动员讲话：“建筑是什么？简单地说，建筑就是人类盖的房子，为了解决人们生活上‘住’的问题……建筑又是艺术创造，从石器时代的遗物中我们就可以看出，在这些实用器物的实用要求之外，总要有某种加工，以满足美的要求，也就是文化的要求以及造型的美观。”

相比于梁思成的一板一眼，林徽因的《美术装饰史》和《专业英语》课则多了些趣味，她还将书画、雕塑、音乐等艺术元素都融于其中。慢慢地，学生们上课也不再像一开始那样懵懂无知，而是跟随着老师的思路，徜徉在中西历史文化的长廊之中。经过两位老师绘声绘色的讲解，冷冰冰的建筑已不再是砖石与土木的单纯结合，而是理性与感性相互交织所产生的美学。尤其在听到那一个个建筑背后隐藏的故事后，学生们心中更是生出了许多向往之情。也是从这个时候开始，梁思成和林徽因开始了户外测绘古建筑之路，这也是他们毕生为之努力的事情。

转眼间，一个学期就要结束了。东北也渐渐进入了天寒地冻的时节。

来之前，梁思成和林徽因一直向往着东北的雪色，对那里飘飘洒洒的人间胜景满怀憧憬，可当他们真正生活在这个“童话世界”时，却对冰封的湖面、晶莹的树枝，以及透着积雪的炊烟没有了任何兴趣。入冬以来，屋里虽然生起了炉子，可依旧能感觉到四周的寒气。加之林徽因从小生活在南方，不适应东北的寒冷，故而时常感冒，可即便如此，她还是未曾耽误学生的课，总是忙到深夜才休息。

辛苦的付出，自然会换得满满的收获。工作、生活中的事情正按着最初的设想进行着。教学工作渐入正轨，而林徽因也有了身孕，二人对生活感到幸福而满足。有时候听着窗外呼呼作响的风雪声，感觉有如天籁一样美妙，就仿佛那是一首催眠的歌。

只是这种幸福没有持续多久，他们就收到了梁启超病重的电报。

适逢学校快放寒假了，梁思成和林徽因放下了手头的事情，立即赶回了北平。此时的梁启超神志尚清，看到孩子们回来，又听到自己即将成为爷爷的消息后，虽已口不能言，但脸上还是露出了笑容。

主治大夫杨继石和美国医生柏仑莱找到梁思成，委婉地告诉他，梁启超的病情自己已经是无力回天。X光透视时并未见异常，但在血液化验时发现了大量的末乃利菌（而今天我们所说的支气管肺念珠菌病）。在当时落后的医疗条件下，这是世界罕见的病症。据不完全统计，梁启超是当时发现的第四起病例，医生考虑到他身体的实际情况，觉得已经不再适合用药物治疗。

这无疑就是病危通知了，梁思成一时也不知该如何是好，林徽因担心他的情绪变化影响到公公，便上前轻轻拉他至窗前，什么也没有说，只是用眼神鼓励他要坚强起来。综合考虑后，家人在其他朋友的建议下，又选用了中医诊治。没想到，梁启超的精神渐渐好了起来，也能开口讲话了。

随着梁启超身体状况的好转，林徽因这才准备回家休息休息，短暂的几天里，全身心地高度紧张，让她完全忘记了自己已怀有身孕。

一切看起来都在朝着好的方向发展，大家紧张的心情也随之放松下来。

可是到了1929年1月17日，梁启超的病情再次恶化。1月19日下午2时，梁启超与世永别。一个人的离去，似乎只有记忆才能承载。从此，这位中国近代史上的先驱与这个混乱的世界作别了。

> 家主梁总长任公于一月十九日未时病终协和医院，即日移入广惠寺，二十一日接三。

望着黑得刺眼的讣告，林徽因是茫然的，她才从父亲去世的伤痛中走出没多久，现在就要面对刚刚从内心接纳的这位“父亲”的远去，怎能不叫人痛心？可这次，她并未像父亲林长民离去时那般失魂落魄，只是用手轻轻抚摸着自己的小腹，默默地说：“父亲，一路走好。”

烟火灿烂

被雨水冲刷得明净的西山坡下，翠绿的柏树交错毗连，环绕成一个独特的世界。沿着蜿蜒曲折的小路前行，就会看见这片开阔的草地上又堆起了一座高大的坟墓。泥土是新鲜的，平整得看不到一丝杂草，大理石制作而成的楔形墓碑显得庄严朴素，上面还镌刻着一行碑文：先考任公府君暨先妣李太夫人墓。碑前陈放着一束菊花，花瓣上面还沾染着滴滴雨水，透过这些晶莹，梁思成和林徽因感觉到了人间最为凄凉的幽冷。

在回东北大学之前，二人又一次来到这里与父亲告别。林徽因又一次流下了泪水，此前何曾想过，这回国后的第一件设计作品，竟然会让人感到如此悲伤。现在看来，这用心设计的墓碑，是纪念，更是守候。

阴霾很快散去，天气渐然转暖，开学的日子很快就到来了。

待安顿好家里的一切事务后，梁思成携着林徽因回到东北大学开始工作。家庭的重大变故、繁重的教学任务，加之寒冷的气候，以及妊娠期的反应，让林徽因整个人变得十分消瘦，优雅的气质也不复存在，与之前相比简直判若两人。

梁思成一边忙于工作，一边精心地照顾着林徽因的生活起居。他有时会心疼地劝林徽因请假休息一段时间，调理调理身体。可林徽因每次看到学生们充满求知欲的眼神时，就忍不住说服自己要克服困难，同时也想为爱人分担一些工作，不想让他的压力太大。

在此期间，为了打造东北大学的标志，张学良设奖征集校徽图案。林徽因设计的校徽主体为一面醒目的盾牌，盾牌上方用繁体字书写“东北大学”。“东北”和“大学”之间则为《易经》里代表东北的艮卦，中央书写着知行合一。下方则为狼熊对望的长白山、黑龙江，隐喻日本与俄国对东北大地虎视眈眈，也为对应校歌“白山兮高高，黑水兮滔滔”。此项设计最终在众多作品中脱颖而出，林徽因因此获得了四百块大洋的奖励。

到了8月，学校放暑假后，夫妇二人回到北平，没多久林徽因就住进了协和医院，等待新生命的到来。

就像做了一场梦，在撕心裂肺的疼痛之后，伴随着响亮的啼哭声，新的生命诞生了。当护士把这个白净的婴儿抱给林徽因看时，那一刻，她也顾不得身体上的不适，在梁思成的帮助下依靠着床头，幸福地接过孩子。女儿紧闭双眼，脸上似洋溢着淡淡的微笑，既有父亲的韵，又有母亲的神。

“思成，你成为父亲了。喜欢我们的孩子吗？”林徽因的声音明显透着虚弱，可眼中却有着藏不住的喜悦，自打看到孩子的第一眼起，她心中的母爱就变得浓烈起来，如同决堤的水一样涌遍全身。孩子仿佛也感受到了这种力量，回应似的啼哭起来，而她则爱怜地把孩子紧紧抱入怀中，轻轻地来回摇晃。那动作紧张而别扭，认真又温暖。

为纪念已故父亲梁启超“饮冰室”的书房雅号，二人最终为女儿取名梁再冰。

青青子衿，悠悠我心。岁月中的林徽因逐渐退却了少女的稚嫩，多了些女性的成熟。梁思成的工作渐渐多了起来，各种事情交错复杂地糅合在一起，有时难免会有些情绪波动，而林徽因此时却表现得极其懂事，不但精神上给予支持，还在行动上进行帮衬，从来不会拖后腿。这让梁思成感到非常欣慰，他理解妻子的付出，也沉浸于这份温馨之中。

这样的幸福，是简单而又让人满足的。一天一天，梁思成把所有的爱都写进了文字，把所有的喜悦都写进了焕然的时光中。他单纯的世界里，现在只有红尘陌上，牵手同行，只有共度人间繁华，同享岁月静谧。

9月，东北大学建筑系第二学年开学，为了缓解师资力量匮乏的情况，梁思成又积极邀请好友陈植、童寯、蔡方荫等人来任教，共同为中国建筑学科的发展壮大添砖加瓦。而林徽因也在产后不久就回到了东北大学，立即投入紧张的教学之中。

老朋友的到来，为紧张的工作带来了许多欢欣，也让林徽因紧锁的眉头舒展开来。这群志同道合的年轻人经常齐聚梁家喝茶聊天，畅谈理想。酒酣之际，几位老同学觉得在教学研究之外，还需要有活跃的建筑实践，于是经过大家商量，成立了“梁、陈、童、蔡营造事务所”，对外承接建筑设计业务，这样既可以实践他们所学的理论知识，又可以为教学提供直观的案例。

事务所开张不久便完成了两项设计任务：一项是吉林大学校舍的修建，一项是交通大学锦州分校校舍的设计。面对大体量的工程任务，梁思成等人并没有退缩，他们白日里忙于教学工作，夜晚就聚在一起加班加点搞设计，常常工作到深夜。累了，林徽因便会放下手中的活儿，为他们做些宵夜；困了，就在垫子上横七竖八地躺一会儿。那些时日里，他们脑袋里装的全是与建筑有关的东西。不久，经过反复地推敲和修改之后，东北大学的教学楼、宿舍，以及实习工厂的图纸设计都按期完成。其中，梁思成还别出心裁地借鉴了欧洲包豪斯的校舍风格，更加彰显出建筑物的时空美感。

此外，林徽因还和梁思成合作设计了沈阳郊区的一座公园——肖何园。都说江南园林甲天下，苏州园林甲江南，可真正要去观赏这座“咫尺之内再造乾坤”的园林时，就会发现，肖何园内的建筑蕴含着强烈的文化意识和审美情趣，更有着不同于江南味道的别致之处。其中的“覆篑土为台，聚拳石为山，环斗水为池”，多少有些扬州何园建造景致的意味，设计者也不避讳这个现实，直接起名为“肖何园”来供人评鉴。

当时，园林建筑在白山黑水的东三省并不多见。人们看着眼前的美景，穿行在曲折蜿蜒、高低起伏的长廊中，犹如步入了画境。与当地建筑相比，这种有着隐逸文化的私家园林显得独树一帜，分明就是文人志士用诗意的方式在表达对生活的热爱。

孩子的出生，为林徽因带来了一个不同的天地，但追求事业与梦想的她又怎么能放下自己喜欢的工作呢？于是，林徽因白天辅导学生，晚上照顾孩子，还要在闲余时间查找资料，尽管身体日渐消瘦，还时常咳嗽，但她却无暇休息，只想着过些日子就会好起来。梁思成劝说她好多次，可即便是躺在病床上，她还是不忘翻阅相关的书籍。

1930年秋天，途经东北大学的徐志摩前去探望林徽因，见到她那时的身体情况，免不了生出关心之情。考虑到沈阳的医疗条件，他劝说梁思成将林徽因送回北平静养，梁思成虽不舍，但他更加担心林徽因的身体，于是二人不久便一起回了北平。同时，林徽因的母亲也赶过来照顾，一家人忙里偷闲，倒也是其乐融融。

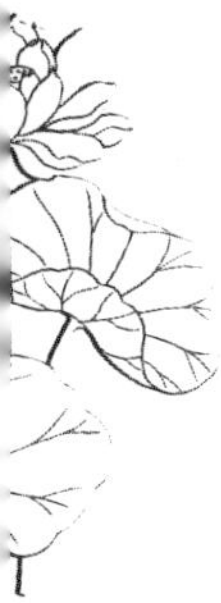

第六章 一树诗华

乐自由我

在香山双清别墅的那段日子，林徽因欣赏着绿意清泉的意境，不时和母亲在山间的小路上走走，呼吸着新鲜空气。突然没有了来去匆匆的劳累，只能靠听听音乐、翻阅几本闲书来打发日子，这样的寂寥在心间便成了笔下源源不断的文字。在那些唯美的诗歌中，流淌着大自然的美、生命的激情，让人只觉得这样的文字，只有天使才能写出。

养病这段日子，有不少的社会名流及友人先后前来慰问安抚，对于热爱生命的林徽因来说，她更希望这样的见面是一场永远不散的聚会，因为每当朋友们散去之际，她都会真切地感到生命的虚无。

1931年5月15日，林徽因早早起床收拾后，迎来了上山探望她的张歆海、张奚若夫妇和时为南京中央大学教授的徐志摩。在大家眼里，她经过这段时间的安心静养，气色上已经有了很大的好转。闲聊一会儿后，众人在林徽因的提议下，一路朝着山顶爬去。

这样的行走是开怀的，对于长期卧病在床的林徽因来说，这更是一种难得的交流。路上，她忍不住内心的激动，背诵了新近写下的诗。在经历了许多事情之后，她对于人生的意义已经看得非常清晰透彻，如此，诗中便有了自己独特的心灵感受，这样的契合是一种人生的经历，更是对于生命的深刻理解。

正当大家众说纷纭之际，徐志摩开口了："徽因是人美诗更美，简直就是佳句天成，妙手拈来。"

众人听到身为诗人的徐志摩给出如此之高的评价，也随即附和着，说得林徽因不好意思地低下了头。其实，相比于徐志摩对这些诗的评价，她更喜欢的，是他的声音，那迷人的嗓音中始终带着一种男人的磁性。就在几天前，她忍不住将自己躺在病榻上的照片寄给了他，照片上的自己病怏怏的没有精神，就连以往多情的眼睛也变得无精打采。可她就是想让对方知道自己的现状，并且还在照片背后写下了一句诗，大意是守住属于我们的灵魂。

然而当照片邮出去后，林徽因却开始怀疑起自己的做法是否合适。这些年过去了，难道那个在最美时光里碰见的男人还深藏在心底吗？她不知道，只是想在这个时候做这样的事。

因为诗情浪漫，那个生性多情的徐志摩很快就发来了约稿信。自从东北大学见过一面后，他乐此不疲地几次来香山探望林徽因。有时是陪着一群朋友，有时是独自一人。两人在一起聊生活、工作和以后的打算，也会谈谈那个叫陆小曼的女人。

林徽因也是从谈话中才知道，这个让众多女人着迷的风流才子过得并不幸福。虽说当年的结婚典礼轰动一时，也一度成为文化圈子里的美谈，但徐志摩却为此付出了断绝父子关系的代价。一下子没有了经济来源，从此，他就成了家里的主心骨，为了养活这个家，他不仅要四处兼职，还要南京、上海两地来回奔波，这才算勉强供得上陆小曼日常的挥霍。

陆小曼作为民国四大才女之一，每日里晨睡夜出，身边有四五个女仆服侍，尤其是近段时间，为了治疗好胃病，居然又染上了吸大烟的毛病，弄得家里烟味不散，花钱更是如流水。徐志摩虽然劝诫过几次，但并不见有任何改变，两人的婚姻关系也变得十分紧张。

徐志摩在北平授课结束后，总喜欢去找林徽因，与她谈诗唱歌。只有在这时，徐志摩的心才会变得平和起来。这样的感觉无疑是惬意的，甚至只要看到她的身影，就会感到莫名的开心。她就像桌子上盛开的“六月雪”，无论是枝叶还是花朵，精致之外还是精致，让人爱不释手。

在北平授课期间，徐志摩还担任着《晨报副刊》的主编职务，最近又打算编撰一本《诗刊》，为了尽快收集到稿件，他四处散发约稿函。收到约稿函后，林徽因便来了兴致，眼前仿佛出现了那个生活不幸的男人，于是用心写下了《那一晚》《谁爱这不息的变幻》《仍然》等诗作并投寄了过去。原本也没有抱多大的希望，只是想通过文字述说内心，没想到立即就被刊登在了第二期的《诗刊》上。

欣喜地闻着那清香的油墨，她一个字一个字地读了起来，反复读了几遍才停下，身体顿时也变得好了许多。更没有想到的事还在后面，一位叫陈梦家的读者对她的诗作进行了点评："渴望着更绮丽的诗篇出现，对于林徽因初作的几首诗表示我们酷爱的欢心。"

这样的赞誉是真诚的。从此，写诗便成了林徽因最为开心的事情。除了接待罗隆基、凌淑华、沈从文等文化人，她把剩余的大部分时间都用在了写作上。在双清别墅中，她还陆续写下了《一首桃花》《中夜钟声》《山中一个夏夜》等作品。凡是有新的诗作，她总会毫不犹豫地寄给徐志摩，而徐志摩从来也不吝啬自己的赞美，总是给予她最大的鼓励。本来是静心养病，没想到写诗、谈诗化解了肺病所带来的危险。随着身体的好转，林徽因也陆续听到了一些流言蜚语，但她似乎从来没有将其放在心上，一个是使君有妇，一个是罗敷有夫，二人决然不会做出格的事情。

所以，诗意只是写诗唱和，而面对现实生活时，林徽因并没有忘记始终辛苦工作的丈夫，既担心他的身体，也忧心当时的局势。此时，东北局势已变得相当复杂，东北大学被迫关闭，营造事务所也只能关门大吉。陈植见状去了上海，自己成立了营造所，梁思成面对那些被遣散的学生，也在忧愤中生出去意。

"思成，快回来，我和孩子等着你。"面对林徽因一封封情深意长的信，梁思成终于答应回来陪伴她。

只是还不待林徽因从对梁思成的思念中走出来，徐志摩又带着一众朋友来了，同时还带着新出版的《诗刊》，上面刊载了徐志摩的新作《你去》。

“徽因，这首诗是为你写的。多指点。”

你去，我也走，我们在此分手；
你上哪一条大路，你放心走，
你看那街灯一直亮到天边，
你只消跟从这光明的直线！
你先走，我站在此地望着你，
放轻些脚步，别教灰土扬起，
我要认清你远去的身影，
直到距离使我认你不分明，
再不然我就叫响你的名字，
不断地提醒你，有我在这里，
为消解荒街与深晚的荒凉，
目送你归去……
……

1931年9月，由于日本人的所作所为，梁思成目睹东北大学关闭后，只好放弃教学回到北平，而林徽因也从双清别墅搬到了北平东城墙的北总布胡同三号。这是一处青灰瓦的四合院，从外面看普通得极不起眼，但进去后却是别有洞天。院落宽绰疏朗，房屋结构精巧雅致，房檐雕刻精细，透着淡淡的优雅和浓浓的京味。

阳光斜斜地照进院落，平日里已经习惯了忙碌的梁思成，终于可以放慢生活节奏，在享受亲子之乐的同时，完成《中国建筑史》的撰写。这是他心底深处最期望的生活方式，是一种“岁月依旧静好，你优雅如初”的淡然。

离开东北大学之后，梁思成和林徽因除了照顾家庭外，更多的心思还是放在研究建筑上。他们专门加入了由朱启钤发起的中国营造学社，一心一意地研究起中国古代建筑。梁思成担任法务部主任，林徽因则是理会事成员。

这样的工作相对比较轻松，研究之外，还有一些自己的私人时间，林徽因可以和朋友们一起谈论文学、品鉴诗作。可以说，诗打开了她浪漫可爱的灵魂，让她在愉悦中成为一道亮丽的风景。她也无法忘记那首专门写给自己的诗，那首《你去》还得到了金岳霖的称赞。

金岳霖是一个我行我素的人。

四合院的生活其乐融融，徐志摩也会不时地陪朋友前来造访，诸如物理学家周培源、文学家胡适、考古学家李济、作家沈从文、经济学家陈岱孙等。这些人的到来，给以往安静的四合院带来了新的气息，小院里不时传出各种欢声笑语。梁思成虽然呆板，但他却从来不会因为这些接待而不开心，还会主动融入其中。毕竟这是个属于年轻人的新时代，他们有着相同的话题和思想观念。每每来了朋友，林徽因都是主角，她的观点总是与众不同，但又特别尊重身边的每一位朋友。最热闹的时候，朋友们还会将自己的夫人、儿女一同带过来，大家一起交流生活中的感受，谈论新出版的文艺作品。小院中多了小孩嬉戏玩耍的身影，梁思成总会在这样的时刻傻傻地看着这些孩子，期望自己的女儿早些长大。

在这群朋友中，也有始终不愿意结婚的，那就是徐志摩的好朋友金岳霖。他身材高大，长相帅气。每次聊天，大家总绕不过爱情这个话题，而金岳霖对此有着自己的一套看法，他会直言不讳地说出来："恋爱是一个过程，而婚姻只是这个过程中的一个阶段；恋爱是否得到了幸福要从全过程来看，而不仅仅以婚姻作为衡量标准。"

作为清华大学（清华学校此时已更名为清华大学）哲学系的教授，金岳霖的观念无疑有些前卫，可作为立志改变中国现状的现代化主义者，他的每一次出现，都会让大家感到愉悦。除了思想与众不同，金岳霖的衣着也是别具一格，别人都是长袍马褂，他却是十分现代的夹克。林徽因倒是十分欣赏金岳霖的这种独特性，觉得他爱运动，又擅言辞，且与徐志摩一样追求自由。金岳霖的家离梁启超和林徽因的家只隔了一条胡同，或许是前后院的原因，梁家的聚会，他几乎每场都不会错过。为了出行方便，金岳霖还干脆要求梁氏夫妇为他开了扇后门。

尘俗优雅

穿越岁月的风尘，金岳霖也不知道怎么就喜欢上了痊愈不久的林徽因。当然，他的喜欢只是深藏心底。每次来到这个热闹的小院，他就会从中嗅到一股清香，当面对美丽与智慧化身的林徽因时，向来能说会道的他就变成了彻头彻尾的哑巴。

宁愿此爱，淡如绿茶。

金岳霖不时造访梁氏夫妇的四合院，经常见到他二人在一起研究建筑构造，有次便风趣地说："一个是梁上君子，一个是林下美人。"

梁思成顺口接道："做建筑必须登高攀上，不做'梁上君子'怎么能开拓出一条研究的新路呢？我喜欢你这总结。"林徽因虽然知道"林下"一词出自《世说新语》，有着赞誉女子贤媛的意思，然而她并不领情，而是十分认真地说："我可不是你说的什么美人，新社会女性都有自己的事情可做，我才不是摆设。”没想到这样严肃的话语，金岳霖听后却像孩子一样鼓掌叫好，惹得在一旁看书的梁思成也直接跟着附和。对于金岳霖来说，这样的形容实则是一种欣赏，他已经独自走过了那么多浩瀚如海的光阴，如今却被林徽因这道风景冲破了禁锢自己灵魂的寂寞。

金岳霖喜欢文学创作，工作之余，经常接受徐志摩的约稿，而且只要他的稿子刊出，常常会受到读者的好评。都说文人相轻，但金岳霖对林徽因从来都是支持和羡慕。表现欲望强烈的林徽因，有时也会因为写不出来一首诗而坐立不安，每逢这样的时刻，金岳霖就会悄然站在林徽因的身边，其实也没有多少指点，用他的话说，就是“只想做她的第一个读者”。

没想到的是，这个无心而起的周六聚会慢慢成了气候，最后竟然成为北平文化人心中向往的“太太的客厅”。大家只要来到这座四合院，就会身心轻松，畅所欲言。作为一种文化的开诚布公，这种知识分子的狂欢愈发显得活力四射，更是渐渐吸引了更多人的参与，萧乾就是其中的一位。他喜欢文学，又刚在报刊上发表了自己的作品，林徽因读到后觉得不错，便盛情邀请他到四合院里来喝茶。这样的环境对于文学青年的成长进步大有助益，也使他们结下了深厚的友谊。1998年12月7日，已经重病在身的萧乾听说《林徽因文集》即将出版，在因病无法动手的情况下，依然口述完成了文集的序言，可见其感恩之情。

在这个四合院中，大家熟悉而不拘束，更没有任何隔阂，朋友们谁在生活中遇到了不如意的事情也会直接说出来，求助于大家。这样的活动丰富而有趣，每个人都在交流中不断碰撞着思想的火花。于是金岳霖有样学样，在自家小院照葫芦画瓢搞了个“湖南饭店”的沙龙，很多人闻讯而至。后来，朱光潜也“摸着梁氏夫妇过河”，照此样在家中办起了每月一次的“读诗会”。正是这样此起彼伏的文化盛宴，促进了20世纪30年代中国文化的成熟和繁荣，使反传统、求变革成为时代风尚。

而在这一个个的文化圈子里，只要有林徽因的身影，她就会当仁不让地成为中心人物。“一袭长裙，面容清秀，朱颜皓齿，如一朵浸染着清淡幽香的莲花。”

这位富有诗意并能理性生活的人，也会将自己的隐私公布于众。

那次是因为一件小事，梁思成和林徽因少见地生起气来。争吵之中，梁思成干脆一走了之去了上海，只留下林徽因在家里以泪洗面，母亲来劝，她只是哭。金岳霖跑过来劝，她还是哭。而梁思成这边也一样是放心不下，车还没有到上海，就已经写好书信。下了车，他又接连发去两封电报。林徽因则是不睡不吃，直到接到他的电报才算作罢。这样的事情在沙龙上说出来，似乎也不算多么丢人，反而为大家增加了诸多的创作灵感。在大家眼中，他们还是活得那么真性情，这样的两个人或许才是真正令人羡慕的神仙眷侣。不管怎么说，这个已经被丈夫宠坏的林徽因，始终不失的是自己的真实、直率。

许多年后，女儿梁再冰在回想起“太太的客厅”时，依然深有感触：“每到周末，许多伯伯阿姨会来我家聚会，这些伯伯们大都是清华和北大的教授，曾留学欧美，回国后，分别成为自己学科的带头人，各自在不同的学术领域做着开拓性和奠基性的工作。虽然当时我听不懂大人们的谈话，但可以感受到他们聚会时的友谊和愉快。”

如果说“太太的客厅”是林徽因汲取思想营养的源泉，那么陪伴着丈夫的四处考察，则是清如秋水的快乐时光。他们夫妻二人已经完全将这样的行走，当作生命历程中的乐趣，安顿好家里，便背起行囊，无论是苍茫的沼泽，还是荒无人烟的沙漠，坎坷与艰辛都没有阻挡住他们的脚步。

一路上，梁思成用他的笔记下了种种惊险刺激。

> 在天晴日美的下午五时前后狂风暴雨，雷电交作。我们正在最上层架梁上，不由得不感到自身的危险。不单是在二百八十多尺高将近千年的木架上，而且紧在塔顶铁质相轮之下，电母风伯不见得会讲特别交情。

恶劣的自然天气无法躲避，就连食物有时也成了问题。“沟道中洪流澎湃，不克前进……终日奔波，仅得馒头三枚（人各一）。”

这样的行程，即便是男人也未必能够坚持下来，但林徽因凭着她对建筑的热爱之情，一直咬牙坚持着，让自己在岁月的流淌中绽放着芬芳。每次出行，她都会很快陶醉于各色的古建筑之中，每见到一个石窟、寺庙、古宅……她都会迫不及待地去了解、研究，然后用心记下详细的数据。林徽因知道，那些文物古建，只有加以保护才能让它们长久留存下去。

1931年11月，天气又开始转冷，北平的太阳也让人觉得不似以往的温暖。寒风四起，林徽因在家里为中国营造学社的授课任务忙碌着。按照教学计划，她要在19日为近二十个国家的驻华使节讲授《中国古建筑艺术》一课。

到了10日，徐志摩北平授课任务结束，为示送别，梁氏夫妇请其共同观看了一场京剧演出。回家路上，梁思成还劝说徐志摩不要为了工作太过拼命，要保养好身体。徐志摩一边点头答应，一边说："若是他日来不及告别，只能下次从上海来看你们。"林徽因微笑着说："我19日晚要在协和礼堂为各国使节讲授《中国古建筑艺术》，你要是方便也请来啊。"

其实，徐志摩也很纠结。他完全可以推迟几日再回去，可他知道陆小曼断然不会同意。自从结婚以后，徐志摩才知道婚姻是个枷锁，有时他真是羡慕金岳霖的单身生活，自由自在，无拘无束。仅仅为了省些车船费用，那趟答应捎他回上海的飞机航班已经改了三次，但除了无奈奔波，却实在别无他法。陆小曼挥金如土，而父亲又不愿意再接济他，徐志摩只能靠不断地兼职来挣家用，仅1931年上半年，他就在上海、北平两地来回了八次，但即便如此，仍然满足不了家庭的花销。

等到19日那天，演讲如期在协和礼堂进行。开始之前，一个个好友都来后台为林徽因祝福，却唯独没有见到徐志摩。由于时间原因，林徽因也来不及去猜想他未出席的原因，便有些不安地登上了讲台。

伴着一口流利的英语，演讲开始了："建筑是没有国界的语言，人们的日常审美都与建筑密切相关，而当你来到一片陌生的土地时，首先和你对话的就是建筑。"一座座建筑，经她深入浅出的分析讲解后，立刻变得更加富有人情味。掌声不时响起，而林徽因的眼神却总是不时地飘向那张空着的椅子。

在演讲的前一天晚上，林徽因曾接到徐志摩的电报："定于明日飞行，下午3时到达，希接站，此去存亡不卜。"看到这些，她心里立即漾出些许不开心，虽然自己不是唯心主义者，但当时乘飞机出行的安全系数并不高，这样的话语让人生出不安来。

为了接徐志摩，梁思成早早就去了机场，一直等到5点左右还不见人影，只好悻悻地回到协和礼堂。由于杂事较多，大家也没有过多地关注徐志摩的踪影。

徐志摩自10日在北平与林徽因话别之后，给陆小曼买了笔墨纸砚回家，想着她在家练练字磨磨性格，然而，那些东西却被她扔得满地都是，两人不欢而散。徐志摩只好去了朋友何竞武家中留宿，想尽快乘邮政航班去北平。从南京机场登机时，天气还算是风和日丽，但飞机到达徐州时，乘务员就告诉大家，由于天气原因，飞机不宜飞行，而此时的徐志摩也不知道怎么就想到了陆小曼，便写了封信给她：“徐州有大雾，头痛不想走了，准备返沪。”但等到信寄出去后，他却又想到陆小曼刁蛮撒泼的样子，于是想着先去北平待上几天，等双方的情绪都冷静后再见面，这样也有利于关系的处理。思前想后，徐志摩最终还是登上了去北平的飞机。

那一夜，林徽因想了许多，她知道徐志摩是个守信的人，即便有事不来参加演讲也会说明理由。可是天已经很晚了，却依然没有消息，她心里始终忐忑不安。梁思成安慰了许久，她才慢慢睡去。

意外灾难

最先得知徐志摩遇难噩耗的是胡适。

天色渐亮，林徽因就从床上爬了起来，撒着娇催促着梁思成快去给徐志摩发一封电报，想问清楚他为何失约未能参加自己的演讲。林徽因一直是个十分较真的人，她最讨厌被别人欺骗。梁思成自是了解这些，便也顾不得吃饭，穿上衣服就朝着门外走去，结果与匆匆赶来的胡适撞了个满怀。

“不好了，不好了。”

胡适一边紧张地说，一边晃动着手中揉得皱巴巴的《晨报》。听到声音的林徽因则是一身睡衣，满脸倦容地跑了出来，从他手中抢过报纸就翻，一行大字就这么映入眼帘。那是从济南发来的专电。

京平北上机肇祸。昨在济南坠落！

机身全焚，乘客司机均烧死，天雨雾大误触开山。

“会有志摩吗？不会的，不会的。”说这些话的时候，她可以感觉到自己的内心无比紧张。

“我也不知道，只是听说志摩昨日要来，结果电话也联系不上，便差人去打听了，我也希望机上不会有志摩。”胡适的语速很快，话语中却带着沉重。报纸上还说了许多，包括飞机爆炸的瞬间。

这时电话响了，梁思成拿起听筒，没有听出对方是谁，只是听到急喘的声音中传来了不幸的消息：“大事不好了，徐志摩乘坐的飞机出了事。”电话重重地掉到了地上，林徽因见到梁思成的模样，顿时脑中一片空白，手中的报纸掉在了地上，人也有气无力地瘫坐在沙发上，说不出一句话，泪水却模糊了双眼。

1931年11月20日这天，徐志摩遇难的消息终于确定了。

大街小巷又一次热议起徐志摩这个人来，只不过这次的“爆炸”效应要比上次的离经叛道来得更加可怕，几乎没有人敢于面对这样的逝去。每个关心徐志摩的人都是一副失魂落魄的样子。

谁也没有想到，这位才子诗人的结局竟然是如此悲不可言。11月22日，胡适、梁思成、金岳霖一行齐聚济南料理徐志摩的后事，有不少喜欢徐志摩的年轻人也纷纷从四面八方涌向济南进行纪念。

那日，为了能够赶上林徽因的演讲，徐志摩最终放弃了回到上海的打算，本来想乘火车去北平，却又被告知北平当时已经戒严，所有火车都绕道而行，无奈之下，他最终还是登上了飞机。在飞到济南南部党家庄附近时，突然大雾弥漫。驾驶员为准确辨别航向，迫不得已降低了飞行高度。

那让人惊骇的雾就如同从坍塌的大堤中涌出来的洪水，争先恐后朝着四面八方散布开来。听不到任何声音，舷窗上快速地掠过大小不一的水珠，瞬间，就感觉飞机被吞噬于其中，只有微弱的灯光还在闪烁着，似乎在向远处求救。看到这样的雾，徐志摩感觉自己就像经历了一次车祸，心里不住地战栗。正当他想着如何讲述这次经历时，却没有想到飞机会发生爆炸。当高速行驶的飞机撞上开山那刻，一团巨大的火球喷涌而出，把团团密布的雾朝着四周驱散开来。

窗外淡然而起的雾，让林徽因感觉眼前似乎飞快翻转着那一帧帧灾难的画面。悲伤随着思念慢慢在雾气中延展开来。就在前几日，大家还在一起嬉笑打闹，其间徐志摩还现场做了一首诗：

拥抱我直到我逝去，
直到我闭上眼睛，
直到我飞、飞、飞向太空，
变成沙、变成光、变成风。
啊！苦痛！
苦痛是短的、暂时的。
快乐是长久的，

而爱情是永恒的，

我、我要睡了……

当时，大家还对这首诗纷纷进行评论，有人不理解他诗中“飞”的境界，可现在他如同云烟一样飞走了，不带走一片云彩。

雾越发大了起来，犹如四处奔腾的浪花，漫向山峦群岭间，也就是瞬时的工夫，便在天地间松松散散地遍布开来。等到雾气散去之后，才发现通向双清别墅的路是湿的，就连枯黄的草木也沾染了星星点点的朝露。阳光从厚厚的云层中微微露出些许光辉，整个山峦便金灿灿地活泛起来。

只是这条路上再也不会有他的身影了。人死如灯灭，一场绚丽的烟花就这样猝然熄灭了，只留下了记忆。梁思成是懂妻子的，他特意从“济南号”爆炸现场带回了一片失事飞机的残骸。一个人的时候，林徽因常常会对着那块烧焦的东西发呆，仿佛又看到了那个意气风发的徐志摩。

徐志摩生前创办的《新月》杂志，当时专门出了一期纪念专刊，刊出了胡适、周作人、陆小曼等人十二篇情真意切的悼念文章，其中有一篇是林徽因的《悼志摩》。

志摩最动人的特点，是他那不可信的纯净的天真，对他的理想的愚诚，对艺术欣赏的认真，体会情感的切实，全是难能可贵到极点。他站在雨中等虹，他甘冒社会的大不韪争他的恋爱自由；他坐曲折的火车到乡间去拜哈代，他抛弃博士一类的引诱卷了书包到英国，只为要拜罗素做老师，他为了一种特异的境遇，一时特异的感动，从此在生命途中冒险，从此抛弃所有的旧业，只是尝试写几行新诗……

朋友们，我们失掉的不止是一个朋友，一个诗人，我们丢掉的是个极难得可爱的人格。

……

谁相信这样的一个人，这样忠实于“生”的一个人，会这样早地永远地离开我们另投一个世界，永远地静寂下去，不再透些许声息！

伤心的事情终会过去，而快乐则会见缝插针地挤过来。

1932年8月，梁氏夫妇的第二个孩子出生了。

此时，两人正忙于一篇向《营造法式》作者李诫致意的论文，于是他们为儿子取名“从诫”，意在希望他能够继承父母理想，追随建筑大师李诫，成为建筑史上有用的人才。

孩子出生以后，林徽因把所有的精力都放到抚养孩子身上。而梁思成则又开始四处奔波，他没日没夜地考察着各地的古建筑，然后把得到的结果进行整理。大漠黄沙、江南小镇，都江堰、西湖，每一处建筑背后，都有着一段不平凡的故事。建筑就像是他的第二生命，让他忘我地工作着。通过一系列的实地考察，又结合收集的大量资料，梁思成很快完成了《清式营造则例》和《营造算例》两本书的撰写出版工作。

而林徽因在家中也未闲着，除了料理家务，照顾孩子，她仍会学习古今中外的名人诗篇，并在《学文》杂志上发表了《你是人间的四月天》。

我说你是人间的四月天；
笑响点亮了四面风；
轻灵在春的光艳中交舞着变。

你是四月早天里的云烟，
黄昏吹着风的软，
星子在无意中闪，
细雨点洒在花前。

那轻，那娉婷，你是，
鲜妍百花的冠冕你戴着，
你是天真、庄严，
你是夜夜的月圆。

雪化后那片鹅黄，你像；
新鲜初放芽的绿，你是；
柔嫩喜悦，
水光浮动着你梦期待中白莲。

你是一树一树的花开，
是燕在梁间呢喃，
——你是爱，是暖，是希望，
你是人间的四月天！

这温暖人心的文字，恰如林徽因传奇却又恬淡的一生。这浓浓的诗意在彰显其魅力的同时，更透着一种浪漫情怀。

诗样人生

自从徐志摩罹难以后，家里很少再出现爽朗的笑声。虽说“太太的客厅”还会照常进行，但每每看到那个空着的座位时，林徽因总觉得少了些什么。梁思成又总是没日没夜地往荒郊野外跑，只好把照顾家和妻子的任务交给了金岳霖。金岳霖比林徽因大九岁，但从面相上来看两人更像是父女。他和冯友兰一起创立了清华大学哲学系，把自己的一切都无偿地献给了哲学研究。这些年里，梁、金两家一直前后院住着，给人的感觉总是形影不离。金岳霖话并不多，但骨子里却很幽默，每每有女子见了他那高大的身材，总会忍不住地回头观望。但他在面对林徽因时，却始终觉得自己是那么矮小。

之前和徐志摩谈天说地时，金岳霖就不止一次地夸赞过林徽因，这样的流露是羡慕，也是忌妒。在他看来，这位年轻妈妈在举手投足间有着一种特别的美，不仅值得细细观瞻，更值得慢慢品味，仿佛就是一首多情的诗，字里行间都有着喷薄欲出的心语。徐志摩曾夸林徽因的诗是“妙手得之，是自然与心灵的契合，又总能让人读出人生的况味”。可以说，她的人就像其笔下的诗，时时吸引人的笑容，恍若在世间诗意地行走。

在林徽因最无助的时候，金岳霖悄无声息地出现在她身边，这位博学的男人甘愿付出一切，给林徽因最为温暖的呵护与帮助。林徽因将此看在眼里，也记在了心中。她发现自己正在发生变化，好多时候，她从金岳霖的身上察觉到了徐志摩的影子，外表英俊，学识口才俱佳，情感细腻丰富；再仔细琢磨时，又发现他身上竟然还有着梁思成的影子，实在、可靠、性格质朴，对任何事物都不失兴趣。

这些，让两个人从心底生出惺惺相惜的感觉来。爱的境界是从容，可以说，林徽因不仅看清了自己所爱，也愿意任人优雅地爱着，尤其是面对金岳霖这个特殊的存在时，有了好感，又不能说给梁思成，思前想后就只好写信向闺蜜费慰梅倾诉：“我们亲爱的老金，以他具有特色、富于表现力的英语能力和丰富的幽默感，以及无论遇到什么事都能处变不惊的本领，总是在人意想不到的地方为朋友们保留一片温暖的笑。”这样的赞誉里饱含着温情与信任，这样的感情是一个逐渐升温的过程，不过于暧昧，却又甚过友情，但绝对不是一场爱情游戏，也不是彼此自私的占有，更多的是欣赏，是渴望，是灵魂的碰撞。

有好几次一起吃饭的时候，林徽因都发现金岳霖傻傻地望着自己发呆，面对这种注视，她感觉到自己的脸颊发烫，却又不知道该如何化解，只好借故起身离去。似乎从徐志摩把他介绍给大家认识没多久，金岳霖就经常来梁家吃饭，大家相处得其乐融融。可是梁思成出去考察这段时间，林徽因明显地觉得金岳霖有了变化。

金岳霖何尝不懂林徽因，但正是因为懂得，所以他才选择了默默关注，就像欣赏雨中的莲花，就像远望天空的飞鸟。当然，他最喜欢的还是陪着她谈建筑，建筑无疑是林徽因的命。一天，当金岳霖听林徽因谈完一个设计方案时，从嘴中取下烟斗，缓缓地吐出烟，说道："如果能够将这些建筑的门有序地排列一起，那我或许更愿意从这里进去。"听到这里，林徽因先是一怔，但很快就理解了他的意思，然后在图纸上重新画起来。那感觉就像是一位资深的先生在指导一位听话的学生。这样的交流是有趣的，也让林徽因感受到了一种看不见、摸不着的情感。她无法明确地表达出那是一种怎样的感觉，或许是依赖，又或许是钦佩、敬爱，她也不知道该将这种感觉告诉谁，只是在心里承认，自己很欣赏金岳霖。

好几个晚上，她都不能入睡，脑子里不知道在想些什么。

只感觉爱就要像暴风雨一样来临了，可真正要面对时，林徽因变得不再从容，她生怕再遇到一位徐志摩这样的人。

没有束缚的爱才会从容，林徽因并不愿意将这样的情感深藏内心。

梁思成从宝坻考察结束回到家，她激动得连洗脸水都没有打，就拉着他的手，认真而又无比纠结地说出了内心的想法。

“思成，怎么办，最近这些天我苦恼极了，因为我同时爱上了两个人，不知道该怎么办才好。”那一刻，她全然不像一位妻子在诉说内心的忧郁，而更像一位初临爱情的小姑娘茫然不知所措。

林徽因话刚说完，梁思成就知道她喜欢上了金岳霖。

他不知道该说什么，也不知道脸上该露出何种表情。梁思成不知道自己是如何度过那一晚的，只是觉得黑夜太长。他在脑海里把金岳霖的种种行为举止放电影般地过了一遍，发现他既有徐志摩笑对群儒的智慧，也有胜于自己的绅士风度，总之，无论怎么比较都强过了自己。

“我细细地想了一个夜晚，我反复地问自己，你到底和我生活幸福，还是同老金一起幸福？你永远都是自由的，如果你选择了老金，我祝愿你们永远幸福。”梁思成一股脑儿地说了这些，却始终没有问及他们是怎么喜欢上对方的，又发展到了什么地步。

第二天，林徽因含着泪把梁思成的话一字不漏地说给了金岳霖。哲学家的回答是：“看来思成是真正爱你的，我不能伤害一个真正爱你的人，我应当退出。”

从此之后，谁也不再提及此事，仿佛从来就没有发生过。相反，大家的关系更加亲近了，以至于后来梁思成和林徽因发生争吵，都会请金岳霖出面调解。除了自己的事，林徽因还会把金岳霖推荐给自己的朋友。有一次，沈从文喜欢上一名教师，与妻子闹得不可开交，最后还是金岳霖出面调解才得以消停。

经过此事之后，林徽因重新思考了这样的关系该如何处理："思成是个慢性子，愿意一次只做一件事，最不善于处理杂七杂八的家务。但杂七杂八的事却像纽约中央车站任何时候都会到达的各线火车一样向他驶来。我也许仍然是站长，他却是车站！我也许会被碾死，他却永远不会。金岳霖是那样一种过客，他或是来送客，或是来接人，对交通略有干扰，却总能使车站显得更有趣，使站长更高兴些。"

金岳霖也有自己的说法："爱与喜欢是一种不同的感情或感觉。这二者经常是统一的。不统一的时候也不少，有人说可能还非常之多。爱说的是，父母、夫妇、姐妹、兄弟之间比较自然的感情，喜欢说的是朋友之间的喜悦，它是朋友之间的感情。"经哲学家这样一番解释，生活中似乎真的充满了乐趣。

平淡相守，一生安然。这样的爱情没有任何负担，也不会把人灼伤。

而金岳霖的后半生基本上都是"择林而居"。对于这个男人来说，他内心的故事无人可知，确实，"生前没有说的，死后也不会讲，要说，就留待以后在另一个世界见面后当面说吧"。

一个相遇，醉了流年；一种心动，刻在心田。回眸，绽放宛如朝霞的微笑；悸动，晕开了爱的花田。

1954年6月，林徽因当选北京市人大代表，可她的身体却已大不如前。随着病情恶化，孩子们将她送进了同仁医院。从开始接触浓烈的来苏水那天起，她就觉得日子变得漫长起来，一天仿佛一个世纪一般。

病床前的桌子上，每天都会换上一束散发着淡淡香味的鲜花，这些花不禁让她想起从前的野外生活。那时，攀高爬上根本就是一种幸福的挑战，除了能够眺望远处的景致外，有时还可以从古旧的建筑物上发现一些小花，就那么星星点点地开着，虽然小却开得灿烂，开得奔放。她也会在考察之余摘些夹在本子里，过了好久之后再次打开，仍然可以从中感受到花的生命。可是眼前这些花，纵然新鲜，却远不如野外的自然。

无聊之际，她也会写信给朋友："我还是告诉你们我为什么来住院吧。别紧张。我是来这里做一次大修。只是把各种零件补一补，用我们建筑行业的话来说，就是堵住几处屋漏或者安上几扇纱窗。"她的身体每况愈下，脸色苍白，瘦得几乎没有了人形。就在这个时候，梁思成也被送进了医院，住在了她的隔壁。不打针的时候，彼此还可以走动，可恍然间却觉得远了许多。这些时日，林徽因一直活在回忆之中，想十六岁的康桥，也想相互扶持的宾大，想那个大胡子的父亲，也想从来不苟言笑的母亲，最后他想到了徐志摩的发妻张幼仪。

"再冰，我可以见见张幼仪吗？"这个时候，母亲的任何请求，孩子都会答应的。当两个头发斑白的女人站在一起时，纵然从前有再多的怨恨，此刻似乎也都烟消云散了。人生真的太短暂，短暂得根本容不下太多的记忆。望着张幼仪远去的背影，林徽因只觉得自己终于可以释怀了。

人生，不过是相聚又别离。1955年4月1日凌晨，林徽因从一阵艰难的咳嗽声中醒了过来，她使劲地伸手想要抓住什么，却就此告别了这个多情的世界。

一个美与智慧交织的灵魂远去了，她的往事中弥漫着一股与众不同的清新。这位传奇的女性，在世事的纷扰之中依然优雅从容，从未迷失过自己。于她而言，爱情只是生活的点缀，事业和独立的品格才让她始终魅力四射。她曾说："我们要在安静中，不慌不忙地坚强。"林徽因并没有辜负命运与岁月，而是在这样的馈赠中构织着锦绣人生。

金岳霖在林徽因的追悼会上写下了一副挽联："一身诗意千寻瀑，万古人间四月天。"

多年之后，仍是单身一人的金岳霖突然邀请了几位好友一起聚餐，众人到齐之后，他才说："今天是徽因的生日，请大家来吃饭，是为了纪念她。"

作为林徽因爱情生活的插曲，金岳霖永远不会想到，这样的爱情最终会成为一种亲情一直延续下来。梁家的孩子从小喜欢金岳霖，一直照顾这位"金爸"终老，让这个世界上又多了一种爱的方式。

在所有物是人非的景色里，林徽因这个坠落人间的天使以刹那芳华，在灵魂的旧事中完成了动人心扉的坚守。

你是一树一树的花开，
是燕在梁间呢喃，
——你是爱，是暖，是希望，
你是人间的四月天。

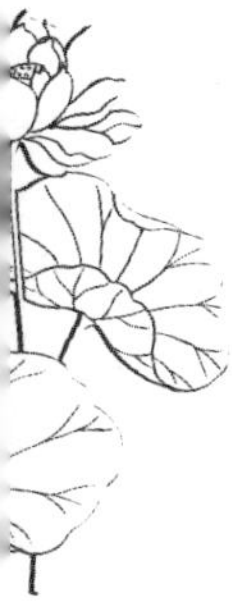

附

林徽因诗歌选

谁爱这不息的变幻

谁爱这不息的变幻，她的行径？
催一阵急雨，抹一天云霞，月亮，
星光，日影，在在都是她的花样，
更不容峰峦与江海偷一刻安定。
骄傲的，她奉着那荒唐的使命：
看花放蕊树凋零，娇娃做了娘；
叫河流凝成冰雪，天地变了相；
都市喧哗，再寂成广漠的夜静！
虽说千万年在她掌握中操纵，
她不曾遗忘一丝毫发的卑微。
难怪她笑永恒是人们造的谎，
来抚慰恋爱的消失，死亡的痛。
但谁又能参透这幻化的轮回，
谁又大胆地爱过这伟大的变幻？

那一晚

那一晚我的船推出了河心，
澄蓝的天上托着密密的星。
那一晚你的手牵着我的手，
迷惘的星夜封锁起重愁。
那一晚你和我分定了方向，
两人各认取个生活的模样。

到如今我的船仍然在海面飘，
细弱的桅杆常在风涛里摇。
到如今太阳只在我背后徘徊，
层层的阴影留守在我周围。
到如今我还记着那一晚的天，
星光、眼泪、白茫茫的江边！
到如今我还想念你岸上的耕种：
红花儿黄花儿朵朵的生动。

那一天我希望要走到了顶层，
蜜一般酿出那记忆的滋润。
那一天我要挎上带羽翼的箭，
望着你花园里射一个满弦。
那一天你要听到鸟般的歌唱，
那便是我静候着你的赞赏。
那一天你要看到零乱的花影，
那便是我私闯入当年的边境！

笑

笑的是她的眼睛，口唇，
和唇边浑圆的旋涡。
艳丽如同露珠，
朵朵的笑向
贝齿的闪光里躲。
那是笑——神的笑，美的笑：
水的映影，风的轻歌。

笑的是她惺松的鬈发，
散乱地挨着她的耳朵。
轻软如同花影，
痒痒的甜蜜
涌进了你的心窝。
那是笑——诗的笑，画的笑：
云的留痕，浪的柔波。

深夜里听到乐声

这一定又是你的手指，
轻弹着，
在这深夜，稠密的悲思；

我不禁颊边泛上了红，
静听着，
这深夜里弦子的生动。

一声听从我心底穿过，
忒凄凉
我懂得，但我怎能应和？

生命早描定她的式样，
太薄弱
是人们的美丽的想象。

除非在梦里有这么一天，

你和我

同来攀动那根希望的弦。

情愿

我情愿化成一片落叶，
让风吹雨打到处飘零；
或流云一朵，在澄蓝天，
和大地再没有些牵连。

但抱紧那伤心的标志，
去触遇没着落的怅惘；
在黄昏，夜半，蹑着脚走，
全是空虚，再莫有温柔；

忘掉曾有这世界；有你；
哀悼谁又曾有过爱恋；
落花似的落尽，忘了去
这些个泪点里的情绪。

到那天一切都不存留，

比一闪光，一息风更少

痕迹，你也要忘掉了我

曾经在这世界里活过。

仍然

你舒伸得像一湖水向着晴空里
白云，又像是一流冷涧，澄清
许我循着林岸穷究你的泉源：
我却仍然怀抱着百般的疑心
对你的每一个映影！

你展开像个千瓣的花朵！
鲜妍是你的每一瓣，更有芳沁，
那温存袭人的花气，伴着晚凉：
我说花儿，这正是春的捉弄人，
来偷取人们的痴情！

你又学叶叶的书篇随风吹展，

提示你的每一个深思，每一角心境，

你的眼睛望着我，不断地在说话：

我却仍然没有回答，一片的沉静

永远守住我的魂灵。

山中一个夏夜

山中一个夏夜，深得
像没有底一样；
黑影，松林密密的；
周围没有点光亮。
对山闪着只一盏灯——两盏
像夜的眼，夜的眼在看！

满山的风全蹑着脚
像是走路一样，
躲过了各处的枝叶
各处的草，不响。
单是流水，不断地在山谷上
石头的心，石头的口在唱。

均匀的一片静，罩下
像张软垂的幔帐。
疑问不见了，四角里
模糊，是梦在窥探？
夜像在祈祷，无声地在期望，
幽馥的虔诚在无声里布漫。

激昂

我要借这一时的豪放
和从容，灵魂清醒的
在喝一泉甘甜的鲜露，
来挥动思想的利剑，
舞它那一瞥最敏锐的
锋芒，像皑皑塞野的雪
在月的寒光下闪映，
喷吐冷激的辉艳；——斩，
斩断这时间的缠绵，
和猥琐网布的纠纷，
剖取一个无瑕的透明，
看一次你，纯美，
你的裸露的庄严。
……

然后踩登

任一座高峰，攀牵着白云

和锦样的霞光，跨一条

长虹，瞰临着澎湃的海，

在一穹匀静的澄蓝里，

书写我的惊讶与欢欣，

献出我最热的一滴眼泪，

我的信仰，至诚，和爱的力量，

永远膜拜，

膜拜在你美的面前。

记忆

断续的曲子，最美或最温柔的
夜，带着一天的星。
记忆的梗上，谁不有
两三朵娉婷，披着情绪的花
无名地展开。
野荷的香馥，
每一瓣静处的月明。

湖上风吹过，头发乱了，或是
水面皱起像鱼鳞的锦。
四面里的辽阔，如同梦
荡漾着中心彷徨的过往，
不着痕迹，谁都
认识那图画，
沉在水底记忆的倒影！

静坐

冬有冬的来意，
寒冷像花——
花有花香，冬有回忆一把。
一条枯枝影，青烟色的瘦细，
在午后的窗前拖过一笔画；
寒里日光淡了，渐斜……
就是那样地，
像待客人说话，
我在静沉中默啜着茶。

莲灯

如果我的心是一朵莲花，
正中擎出一支点亮的蜡，
荧荧虽则单是那一剪光，
我也要它骄傲地捧出辉煌。
不怕它只是我个人的莲灯，
照不见前后崎岖的人生——
浮沉它依附着人海的浪涛，
明暗自成了它内心的秘奥。
单是那光一闪花一朵——
像一叶轻舸驶出了江河——
宛转它漂随命运的波涌，
等候那阵阵风向远处推送。
算做一次过客在宇宙里，

认识这玲珑的生从容的死，

这飘忽的途程也就是个——

也就是个美丽美丽的梦。

别丢掉

别丢掉

这一把过往的热情，

现在流水似的，

轻轻

在幽冷的山泉底，

在黑夜，在松林，

叹息似的渺茫，

你仍要保存着那真！

一样是月明，

一样是隔山灯火，

满天的星，只有人不见，

梦似的挂起，

你问黑夜要回

那一句话——你仍得相信

山谷中留着

有那回音！

昼梦

昼梦

垂着纱，

无从追寻那开始的情绪

还未曾开花；

柔韧得像一根

乳白色的茎，缠住

纱帐下；银光

有时映亮，去了又来；

盘盘丝络

一半失落在梦外。

花竟开了，开了；

零落的攒集，

从容的舒展，

一朵，那千百瓣！

抖擞那不可言喻的
刹那情绪，
庄严峰顶——
天上一颗星……
晕紫，深赤，
天空外旷碧，
是颜色同颜色浮溢，腾飞……
深沉，
又凝定——
悄然香馥，
袅娜一片静。

昼梦
垂着纱，
无从追踪的情绪

开了花；

四下里香深，

低覆着禅寂，

间或游丝似的摇移，

悠忽一重影；

悲哀或不悲哀

全是无名，

一闪娉婷。

冥思

心此刻同沙漠一样平，
思想像孤独的一个阿拉伯人；
仰脸孤独地向天际望
落日远边奇异的霞光，
安静的，又侧个耳朵听
远处一串骆驼的归铃。

在这白色的周遭中，
一切像凝冻的雕形不动；
白袍，腰刀，长长的头巾，
浪似的云天，沙漠上风！
偶有一点子振荡闪过天线，
残霞边一颗星子出现。

一串疯话

好比这树丁香，几枝山红杏，
相信我的心里留着有一串话，
绕着许多叶子，青青的沉静，
风露日夜，只盼五月来开开花！

如果你是五月，八月里为我吹开
蓝空上霞彩，那样子来了春天，
忘掉腼腆，我定要转过脸来，
把一串疯话全说在你的面前！

对残枝

梅花你这些残了后的枝条，
是你无法诉说的哀愁！
今晚这一阵雨点落过以后，
我关上窗子又要同你分手。

但我幻想夜色安慰你伤心，
下弦月照白了你，最是同情，
我睡了，我的诗记下你的温柔，
你不妨安心放芽去做成绿荫。

对北门街园子

别说你寂寞；大树拱立，
草花烂漫，一个园子永远
睡着；没有脚步的走响。

你树梢盘着飞鸟，每早云天
吻你额前，每晚你留下对话
正是西山最好的夕阳。

一天

今天十二个钟头，
是我十二个客人，
每一个来了，又走了，
最后夕阳拖着影子也走了！
我没有时间盘问我自己胸怀，
黄昏却蹑着脚，
好奇地偷着进来！
我说：朋友，
这次我可不对你诉说啊，
每次说了，伤我一点骄傲。
黄昏黯然，无言地走开，
孤单的，沉默的，
我投入夜的怀抱！

忧郁

忧郁自然不是你的朋友；
但也不是你的敌人，你对他不能冤屈！
他是你强硬的债主，你呢？
是把自己灵魂压给他的赌徒。

你曾那样拿理想赌博，不幸
你输了；放下精神最后保留的田产，
最有价值的衣裳，然后一切你都
赔上，连自己的情绪和信仰，那不是自然？

你的债权人他是，那么，别尽问他脸貌
到底怎样！呀天，你如果一定要看清，
今晚这里有盏小灯，灯下你无妨同他
面对面，你是这样的绝望，他是这样无情！